FÁTIMA
AS LIÇÕES DE MARIA

PE. ANTONIO JOSÉ
FÁTIMA
AS LIÇÕES DE MARIA

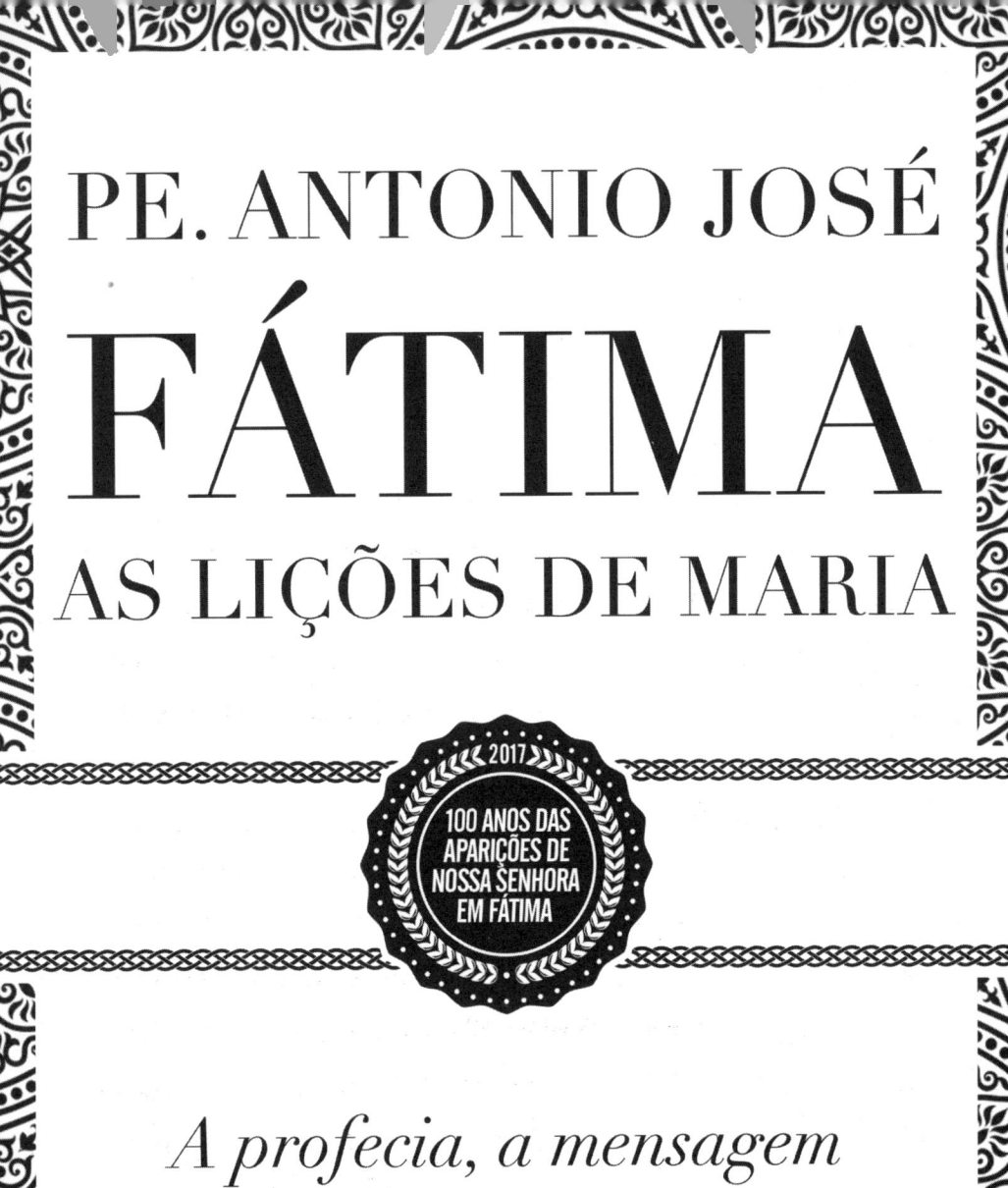

2017 — 100 ANOS DAS APARIÇÕES DE NOSSA SENHORA EM FÁTIMA

A profecia, a mensagem e o segredo que podem trazer a paz para sua vida

petra

Copyright © 2017, Antonio José

Direitos de edição da obra em língua portuguesa no Brasil adquiridos pela PETRA EDITORIAL LTDA. Todos os direitos reservados. Nenhuma parte desta obra pode ser apropriada e estocada em sistema de banco de dados ou processo similar, em qualquer forma ou meio, seja eletrônico, de fotocópia, gravação etc., sem a permissão do detentor do copirraite.

PETRA EDITORA
Rua Nova Jerusalém, 345 — CEP 21042-235
Bonsucesso — Rio de Janeiro — RJ
Tel.: (21) 3882-8200 — Fax: (21) 3882-8212/8313

CIP-BRASIL. CATALOGAÇÃO NA PUBLICAÇÃO
SINDICATO NACIONAL DOS EDITORES DE LIVROS, RJ

J73f   José, Antonio
         Fátima, as lições de Maria : a profecia, a mensagem e o segredo que podem trazer a paz para sua vida / Antonio José. -- 1. ed. -- Rio de Janeiro: Petra, 2017.

         160 p. : il. ; 23cm.
         Inclui bibliografia

         ISBN: 9788582780985

         1.Vida cristã. 2. Deus. 3. Religião. I. Título

17-39180   CDD: 265.94
                                      CDU: 2-548.5

Sumário

2017, um ano Mariano | 7

As crianças, os mensageiros | 11

A preparação | 19

A Senhora mais brilhante que o sol | 55

Fátima continua | 117

Referências bibliográficas | 142

2017: um ano Mariano

~

Doravante as gerações todas me chamarão de bem-aventurada, pois o Todo-poderoso fez grandes coisas em meu favor.
(Lc 1,48-49)

O ano de 2017 será especialmente envolvido pela presença da Virgem Maria. No Brasil, serão celebrados os trezentos anos do encontro da imagem de Nossa Senhora Aparecida nas águas do rio Paraíba. Em escala mundial, será comemorado o centenário das aparições de Nossa Senhora a três crianças — Lúcia, Francisco e Jacinta — em Fátima, Portugal. A visita do papa Francisco constituirá o ponto alto das comemorações deste evento que é considerado por muitos como o mais importante do século XX. De fato, a mensagem de Fátima é como que uma chave de leitura que permite aos fiéis compreender os caminhos do mundo ao longo de todo o século passado e também nos dias de hoje.

O fato da aparição é mais ou menos conhecido por todos os brasileiros. Nossa histórica proximidade com o povo português (nessa aparição, Nossa Senhora falou a nossa língua!) fez com que a devoção a Nossa Senhora de Fátima se estendesse de um canto a outro do nosso país. É difícil encontrar uma cidade que não possua capela ou igreja dedicada a ela, assim como é difícil encontrar família católica que não possua ao menos uma pequena imagem da Senhora da Cova da Iria. Contudo, o conhecimento do que foi dito pela Mãe de Jesus aos pastorinhos não é tão universal. A mensagem de Fátima, tão rica em indicações para quem precisa e deseja encontrar a paz, não é tão presente entre nós como a alva imagem da "Senhora mais brilhante que o sol".

O objetivo deste livro, querido irmão, prezada irmã, é fazer conhecer essas autênticas "lições de Maria" que são a mensagem de Fátima. Toda mãe é também mestra, pois faz parte da missão que lhe foi confiada por Deus ensinar os filhos a posicionar-se diante do mundo e da vida. Não é diferente com a Mãe do Senhor, que Ele próprio nos presenteou como nossa Mãe também. Maria Santíssima pode nos ensinar a nos posicionarmos de maneira serena e confiante diante de um mundo cheio de tanta confusão e incertezas. A mensagem de Fátima é, antes de tudo, uma mensagem de reconstrução da paz. Nela, Nossa Senhora nos ensina que a verdadeira paz é fruto da nossa amizade com Deus e da nossa confiança em Seu amor por nós. Quando a agitação do mundo e os reveses da vida nos roubam a paz, precisamos reencontrá-la, fazendo nosso coração retornar para perto do coração do Pai. Esse é o grande propósito da mensagem de Fátima, que com certeza pode falar profundamente ao seu interior.

Duas palavras, talvez consideradas fora de moda por muitos, aparecerão constantemente neste livro, porque são constantes nos lábios de Nossa Senhora: *oração* e *penitência*. Em Fátima, os primeiros destinatários da mensagem de Maria Santíssima foram três crianças. O caminho de oração que lhes foi ensinado por Nossa Senhora, portanto, foi um caminho de simplicidade e perseverança — mais precisamente, o Rosário. Seguindo esse itinerário, os três pastorinhos avançaram rapidamente num relacionamento de profunda intimidade e rendição nas mãos de Deus. Por esse mesmo caminho nós também podemos dar os nossos primeiros passos na vida de oração e entrega ao Senhor. A oração tem o poder de transformar aquele que reza; aqueles que reconhecem que precisam de mudança são os que perseveram nessa prática. Portanto, aprendamos com Nossa Senhora a confiar no poder da oração. Maria nos revela como a oração é capaz de vencer guerras, que nascem sempre no coração do homem. Veremos que, silenciosa e gradualmente, muitas "guerras" nas quais estávamos envolvidos vão ceder lugar ao perdão e à tranquilidade.

Penitência, por sua vez, é outro nome para o que costumamos chamar de "conversão". Essa palavra significa simplesmente mudar de rota, refazer o caminho. Num tempo em que a ameaça de uma guerra atômica pairou constantemente sobre a humanidade, Nossa Senhora convidou os homens a escolherem um novo caminho e a prosseguirem por ele. Também o nosso tempo, marcado pelas guerras que estouram em tantos cantos do mundo e pelo desrespeito ao projeto criador de Deus, exige que escolhamos um caminho melhor, traçado por Ele, antes de nos perdermos em nossa ganância e nosso egoísmo. O "caminho" de sempre é Aquele que disse de si mesmo: "Eu sou o caminho, a verdade e a vida." Seguir Jesus Cristo, aprender Dele, sofrer com Ele é a única via que nos foi apresentada por Nossa Senhora em Fátima. Este é o caminho que ela nos aponta e para o qual nos convida.

Enfim, a mensagem de Fátima também é uma promessa de vitória para todos aqueles que são amigos de Deus. Nossa Senhora prometeu às crianças: *Por fim, o meu Imaculado Coração triunfará*. No final, não triunfarão os planos do coração cheio de ódio e engano, mas os desejos do coração puro e cheio de amor de Maria. O Imaculado Coração é aquele totalmente preenchido e habitado por Jesus e pela santa vontade de Deus. É este coração, e com ele os de todos os que amam o Senhor e Sua Lei, que triunfará sobre as mentiras e ciladas do Demônio. A mensagem de Fátima é uma maneira, simples e atual, de conhecer e viver o Evangelho de Jesus, a fim de que suas promessas de vida eterna se cumpram no nosso tempo. É disso que trata este livro, e é por estas "lições de Maria" que desejamos que você encontre preciosos meios de renovar a paz de Deus em sua vida.

Que o Espírito Santo conduza sua leitura e que Ele inspire seu coração a buscar as coisas do alto, onde habita Deus.

Pe. Antonio José

As crianças, os mensageiros

~

No dia 13 de maio do ano 2000, quis o papa São João Paulo II celebrar a Santa Missa no santuário de Fátima, beatificando os pequenos irmãos Francisco e Jacinta, os "pastorinhos" de Nossa Senhora. Sem dúvida alguma, um dos mais belos sinais deixados pela presença da Santíssima Virgem na Cova da Iria foi o heroísmo dessas crianças em entregar completamente suas vidas a Deus. Os pastorinhos foram os primeiros discípulos nessa escola da Virgem, que é a mensagem de Fátima. Por isso, dirigindo-se especialmente às crianças, em grande número no santuário por ocasião da beatificação, disse o papa:

> Pedi aos vossos pais e educadores que vos ponham na "escola" de Nossa Senhora, para que Ela vos ensine a ser como os pastorinhos, que procuravam fazer tudo o que lhes pedia. Digo-vos que se avança mais em pouco tempo de submissão e dependência de Maria, que durante anos inteiros de iniciativas pessoais, apoiados apenas em si mesmos. Foi assim que os pastorinhos se tornaram santos depressa. Uma mulher que acolhera Jacinta em Lisboa, ao ouvir conselhos tão bons e acertados que a pequenita dava, perguntou quem lhos ensinava. "Foi Nossa Senhora", respondeu. Entregando-se com total generosidade à direção de tão boa Mestra, Jacinta e Francisco subiram em pouco tempo os cumes da perfeição.

Tendo sido as três crianças os primeiros a serem admitidos nesse caminho, vale a pena conhecer algumas poucas coisas a seu respeito, antes de fazermos, também nós, o nosso itinerário.

Em 28 de março de 1907 nasceu Lúcia, a mais velha dos pastorinhos. Era uma Quinta-feira Santa, e dona Maria Rosa, sua mãe, foi à Missa e comungou, pensando em voltar à tarde para a visita ao Santíssimo Sacramento. Não o pôde fazer, pois nasceu a pastorinha. O fato de a mãe ter comungado pela manhã do dia do seu nascimento era para Lúcia motivo de grande alegria, dizendo que tinha feito a primeira comunhão antes de nascer. Era a mais nova de uma família com seis filhos.

Em suas memórias, Lúcia agradece o exemplo de retidão e de vida cristã encontrado especialmente na mãe. Dizia que aprendeu a partilhar estando ainda no seu colo. De fato, uma vizinha havia dado à luz e não conseguia amamentar o filho; ora, foi dona Maria Rosa quem o amamentou, repartiu a "refeição" da filha. Um pouco mais tarde, Lúcia recorda as lições de generosidade aprendidas em família. Quando batia à porta algum pobre a pedir esmola, era a menor a encarregada de entregar-lhe o que lhe era destinado. Assim, ao receber a esmola das mãos de uma criança, isso era mais doce ao pedinte e menos humilhante. E a criança aprendia a alegria de dar.

O pai, Antonio dos Santos, era especialmente carinhoso com a filha mais nova. Foi com ele que Lúcia aprendeu a chamar o sol de "a candeia de Nosso Senhor"; a lua, de "candeia de Nossa Senhora"; e as estrelas, de "candeias dos anjos".

A mãe de Lúcia era a catequista das crianças de Aljustrel, a aldeia onde moravam. Devido à sua especial atenção aos ensinos da mãe, Lúcia estava pronta para ser arguida sobre a doutrina já aos seis anos. E, de fato, extraordinariamente, foi com essa idade que fez a primeira comunhão. Em sua primeira confissão, tendo perguntado ao padre como poderia fazer para manter seu coração puro para Deus, recebeu do confessor o seguinte conselho: "De joelhos, aos pés de Nossa Senhora, pede-lhe com muita confiança que tome conta do teu coração, que o prepare para receber dignamente Jesus e que o guarde só para Ele." E assim Lúcia fez. Sentiu então no peito a voz da Mãe Santíssima a lhe dizer: "Minha filha, a graça que hoje te é concedida permanecerá para sempre viva em teu peito, produzindo frutos de vida eterna." Essas palavras gravaram-se tão indelevelmente em sua alma que, mesmo muitos anos depois, Lúcia dizia que eram o laço da sua união com Deus.

Em 11 de junho de 1908 nasceu Francisco; e em 10 de junho de 1910, Jacinta. Ambos eram filhos de Olímpia de Jesus, irmã de Antonio dos Santos, e Manuel Pedro Marto.

Por ocasião das aparições de Nossa Senhora, as crianças tinham, respectivamente, dez, nove e sete anos.

A partir daí, a trajetória de suas vidas é profundamente marcada pela mensagem da Virgem. De modo especial, Francisco e Jacinta não tiveram tempo para participar do que se desenvolveu dos acontecimentos de Fátima; ele foi para o Céu em 1919 e ela, no ano seguinte. Sua única preocupação em tão breve tempo de vida foi corresponder aos pedidos de Nossa Senhora. Lúcia, conforme a predição de Maria Santíssima, permaneceu "um pouco mais de tempo" na Terra, para completar sua missão em relação à mensagem. Ela entrou para o Carmelo de Coimbra em 25 de março de 1948, depois de vários anos na congregação de Santa Doroteia, e veio a falecer em 13 de fevereiro de 2005, aos 97 anos. No Carmelo recebeu o nome de irmã Lúcia de Jesus e do Coração Imaculado, resumindo no nome a missão de toda a sua vida: "ajudar a estabelecer no mundo a devoção ao Imaculado Coração de Maria." Hoje, desde 19 de fevereiro de 2006, seus restos mortais repousam na Basílica de Nossa Senhora do Rosário, em Fátima, ao lado das sepulturas dos primos.

Na "escola" de Maria, cada um dos pastorinhos recebeu de Deus um chamado pessoal; cada um deles assumiu intimamente algum elemento particular da mensagem. Francisco recebeu especialmente a revelação da tristeza do coração de Deus pelos pecados dos homens. Certa noite, o pai ouviu-o soluçar e perguntou-lhe por que chorava; o filho respondeu: "Pensava em Jesus que está tão triste por causa dos pecados que cometem contra Ele." Gostava especialmente de fazer companhia a "Jesus Escondido" no Santíssimo Sacramento, na igreja matriz. Como nos lembra São João Paulo II, o menino "vivia movido pelo único desejo — tão expressivo do modo de pensar das crianças — de 'consolar e dar alegria a Jesus'." Suportou os grandes sofrimentos da doença que o levou à morte, sem nunca se lamentar. Às vezes, Lúcia lhe perguntava se sofria muito por causa da doença, ao que o pequeno respondia: "Bastante… mas não importa. Sofro para consolar Nosso Senhor; e, depois, daqui a pouco vou para o Céu." O que mais lhe causou tristeza quando a doença se agravou foi não poder mais visitar o Santíssimo na matriz. Por isso, sabendo que Lúcia ia à igreja depois de frequentar a escola, dizia à prima: "Olhe! Vá à igreja e dê muitas saudades minhas a Jesus Escondido. O que me dá mais pena é não poder mais ficar algum tempo com Ele." Tudo lhe parecia pouco para consolar Jesus. Morreu com um sorriso nos lábios.

Jacinta recebeu de Deus um ardor especial pela conversão dos pecadores e um grande amor pelo Santo Padre: "Parece que tenho um lume no peito, mas não me queimo!" A respeito do papa, teve revelações particulares da parte de Deus. Diz-nos Lúcia, numa de suas memórias, que um dia foram passar a hora da sesta junto ao poço de seus pais. Jacinta sentou-se na laje do poço, e ela e Francisco foram procurar mel silvestre numa ribanceira próxima. Passado um pouco de tempo, Jacinta chama por Lúcia e lhe pergunta se não viu o Santo Padre. Ela diz que não, e a prima então lhe confidencia: "Não sei como foi! Eu vi o Santo Padre numa casa muito grande, de joelhos, diante de uma mesa, com as mãos na cara, a chorar. Fora da casa estava muita gente e uns atiravam-lhe pedras, outros rogavam-lhe pragas e diziam-lhe muitas palavras feias. Coitadinho do Santo Padre! Temos que pedir muito por ele."

Lúcia recebeu de Deus uma profunda compreensão das riquezas do Imaculado Coração de Maria. Sua vida inteira resumiu-se à missão de dar a conhecer ao mundo esse caminho de salvação que Deus oferece à humanidade.

Em sua visita ao Santuário de Fátima no dia 13 de maio de 1982, São João Paulo II afirmou:

> Se a Igreja aceitou a mensagem de Fátima, é sobretudo porque esta mensagem contém uma verdade e um chamamento que, no seu conteúdo fundamental, são a verdade e o chamamento do próprio Evangelho. "Convertei-vos (fazei penitência), e acreditai na Boa-nova" (Mc 1,15): são estas as primeiras palavras do Messias dirigidas à humanidade. E a mensagem de Fátima, no seu núcleo fundamental, é o chamamento à conversão e à

penitência, como no Evangelho. Este chamamento foi feito no início do século XX e, portanto, foi dirigido, de um modo particular, a este nosso século. A Senhora da mensagem parecia ler, com uma perspicácia especial, "os sinais dos tempos", os sinais do nosso tempo.

Já chegamos aos cem anos das aparições de Fátima; rompemos a barreira de um novo século e de um novo milênio. Contudo, o chamado de Maria e suas lições de vida permanecem atuais. Talvez mais do que nunca precisemos aprender dela o segredo da paz, da oração e do perdão. Que nos sintamos nós também chamados à "escola" de Maria, onde Deus deseja nos corrigir e educar para o Reino que a todos preparou.

A preparação

~

Um simples começo

Os acontecimentos sobrenaturais de Fátima tiveram início um pouco antes do que estamos acostumados a pensar. As visitas de Nossa Senhora à Cova da Iria foram preparadas por aparições dos Santos Anjos, cuja tarefa era abrir o coração das crianças ao Céu e à vontade de Deus para suas vidas.

Segundo nos conta a irmã Lúcia, entre 1914 e 1915, quando contemplou sete anos, sua mãe confiou-lhe a tarefa de cuidar das ovelhas da família. Apesar de já ser um exercício de responsabilidade para a menina, essa atividade também possibilitava uma vida saudável nos campos e a companhia de outras crianças para muitas brincadeiras.

Lúcia logo se tornou mais próxima de outras três meninas da aldeia que, juntamente com ela, preferiam um lugar mais sossegado para os rebanhos, na encosta do monte do Cabeço. Depois das brincadeiras e da merenda, ela convidava as companheiras para a reza do terço, como sua mãe havia recomendado que fizesse todos os dias.

Um dia, as meninas viram sobre o arvoredo uma figura branca como neve, que o sol tornava resplandecente.

Sem saber do que se tratava, continuaram a rezar o terço, até que a figura se desvaneceu. O resto do dia transcorreu na normalidade, de tal modo que Lúcia nem sequer contou em casa o que havia acontecido.

Alguns dias depois, surpreendida por uma pergunta da mãe, que ficara sabendo da história pelas vizinhas, já que as outras meninas haviam contado sobre o ocorrido ao chegarem a casa, Lúcia não teve outra resposta senão uma comparação infantil: "Parecia uma pessoa embrulhada num lençol... Não se lhe viam olhos nem mãos."

A aparição se repetiu outras duas vezes, em outros lugares, na companhia das mesmas meninas, que voltaram a contar tudo em casa. Lúcia, habitualmente mais reservada, nada referia à mãe, que ficava sabendo dos fatos pelas vizinhas. Como a própria menina não era capaz de dar informações mais claras sobre o que vira, repetindo a comparação que fizera da primeira vez, suas irmãs começaram a caçoar dela. Quando eventualmente Lúcia se recolhia em oração e as irmãs notavam, logo lhe perguntavam se estava a ver alguém embrulhado num lençol. Essas foram as primeiras de muitas incompreensões que deveriam ser suportadas pelos pastorinhos no futuro...

Apesar de não haver recebido nenhuma revelação especial a respeito da identidade da aparição, a irmã Lúcia guardou em seu coração, até a morte, uma convicção íntima de que o celeste visitante seria o seu Anjo da Guarda:

"Talvez dessa forma, sem falar, ele tenha querido fazer sentir a sua presença e preparar assim as almas para a realização dos desígnios de Deus."

Por que os Santos Anjos?

As aparições de Nossa Senhora foram precedidas, por dois anos, pelas aparições dos Santos Anjos. Qual o significado desse modo de agir de Deus? Para a irmã Lúcia, as aparições de Fátima outra coisa não são que um convite especial aos nossos tempos para que voltemos a mergulhar na realidade do Evangelho. Ora, toda a Sagrada Escritura afirma não só a existência dos anjos, como a verdade da sua intervenção constante em nosso favor. De fato, Deus os criou precisamente para o fim a que também nós fomos criados: "servi-Lo, louvá-Lo, adorá-Lo e amá-Lo." Na medida em que se debruçam sobre nós sob as ordens de Deus, os Santos Anjos nos ajudam a realizar nossa vocação de servos e adoradores do Deus vivo. A presença dos anjos em Fátima nos recorda de que somos feitos para as realidades eternas, que não se veem, num tempo e num mundo que se detêm apenas sobre as aparências e sobre as coisas passageiras. Assim diz a Palavra de Deus: "A nossa presente tribulação, momentânea e ligeira, nos proporciona um peso eterno de glória incomensurável. Porque não miramos as coisas que se veem, mas sim as que não se veem. Pois as coisas que se veem são temporais, e as que não se veem são eternas" (2Cor 4,18).

Mas quem são os anjos? Algumas pessoas, levadas por doutrinas estranhas às Sagradas Escrituras, pensam que os anjos são seres humanos falecidos, mais ou menos fortes ou necessitados do nosso fortalecimento. Nada mais contrário à doutrina católica! Segundo o Catecismo da Igreja Católica, que interpreta fielmente a verdade das Escrituras, os anjos "são criaturas puramente espirituais, dotadas de inteligência e de vontade: são criaturas pessoais e imortais. Superam em perfeição todas as criaturas visíveis. Disto dá testemunho o fulgor de sua glória" (CIC, 330).

Portanto, os anjos são puros espíritos; toda a sua natureza é imortal. Eles não estão sujeitos a nenhum tipo de crescimento ou perecimento. Além disso, são chamados também de "servidores e mensageiros de Deus", "poderosos executores da sua Palavra". Assim como toda a criação foi desejada pelo Pai em vista da glória de seu Filho, assim também "Cristo é o centro do mundo angélico" (CIC, 331): "Pois foi nele que foram criadas todas as coisas, nos Céus e na Terra, as visíveis e as invisíveis: Tronos, Dominações, Principados, Potestades; tudo foi criado por Ele e para Ele" (Cl 1,16).

De fato, "desde a Encarnação até à Ascensão, a vida do Verbo Encarnado é cercada da adoração e do serviço dos anjos". Quando Deus "introduziu o Primogênito no mundo, diz: 'Adorem-No todos os anjos'" (Hb 1,6). O canto de louvor deles ao nascimento de Cristo não cessou de ressoar no louvor da Igreja: "Glória a Deus nas alturas..." (Lc 2,14). Protegem a infância de Jesus, servem--No no deserto, reconfortam-No na agonia. Além disso, os anjos cooperam na obra da Redenção sendo também evangelizadores, ou seja, anunciadores da Boa-nova. Assim o fazem ao proclamar o nascimento e a ressurreição de Cristo.

E os anjos da guarda?

A Igreja acredita que, "desde a infância até a morte, a vida humana é cercada pela proteção e pela intercessão dos anjos. Cada fiel é ladeado por um anjo como protetor e pastor para conduzi-lo à vida. Ainda aqui na Terra, a vida cristã participa, na fé, da sociedade bem-aventurada dos anjos e dos homens, unidos em Deus" (CIC, 336).

A confiança no auxílio amoroso dos Anjos em nosso caminho rumo à pátria definitiva é baseada, já no Antigo Testamento, sobre a promessa de Deus: "Eis que eu envio o meu Anjo à tua frente, para te proteger no caminho e para te conduzir ao lugar que preparei para ti. (...) E o meu Anjo caminhará à tua frente" (Ex 23,20.23).

A Escritura nos revela, com essas palavras, que Deus confiou aos homens os seus anjos, a fim de acompanhá-

-los e lutarem juntos contra seu inimigo comum. Passando pelas provas, o homem deve prosseguir pelo caminho do mandamento de Deus em direção ao "lugar preparado". Esse trajeto torna-se seguro na medida em que, instruídos pela Escritura e pela voz da Igreja, aprendemos também a ouvir interiormente as inspirações que nos são oferecidas pelo nosso Santo Anjo da guarda.

Como podemos, contudo, perceber essas inspirações? Em primeiro lugar, é preciso lembrar que cada anjo da guarda ama o seu protegido e não o abandona. Tal como é dito na parábola descrita em Mt 25, 14-30, somos como que o "talento" que é confiado por Deus ao Santo Anjo e que ele deseja devolver um dia, com êxito, ao seu Senhor. Portanto, é preciso que aprendamos a cultivar nossa amizade com o anjo como um hábito em nossa caminhada cristã. É certo que a voz do anjo se faz ouvir em nosso íntimo, contanto que estejamos interiormente calmos e receptivos. Devemos estar atentos a toda dissipação que, no tumulto e no barulho do dia a dia, nos leva constantemente para fora de nós mesmos, tornando-nos superficiais e necessitados de agitação exterior. Essa atitude nos ensurdece para os apelos que Deus nos faz mediante seus anjos.

Além disso, o propósito do anjo é sempre bastante claro: "Ele te conduzirá ao lugar que preparei para ti…" As inspirações vindas dele sempre apontarão para Deus e para sua Santa Vontade. Em toda situação, o Santo Anjo nos levará a pensar, em primeiro lugar, naquilo que nos firma em nossa fidelidade a Deus. O inimigo, ao contrário, terá sempre muita ciência e carinho por nossa vontade própria, nossas justificativas para pecar e tudo aquilo que nos amortece a consciência. De todo modo, somos sempre livres para dizer nosso sim ou nosso não àquilo que Deus nos propõe.

O Santo Anjo da guarda, portanto, é como que o "porteiro do Céu". Ele abre para nós a porta da Santa Vontade de Deus e, através dela, a porta da eternidade e de todas as realidades perenes. Além disso, por ter participado da vitória contra os espíritos malignos, guiado pelo Arcanjo São Miguel, nosso Santo Anjo é capaz de reconhecer e afugentar o Tentador em virtude da graça. Seu auxílio é ajuda poderosa no "bom combate da fé" (1Tm 6,12) que devemos travar todos os dias para nos mantermos fiéis a Deus e à missão que dele recebemos.

Por fim, o anjo da guarda deseja nos ensinar uma última lição: a de sermos nós mesmos anjos da guarda para os que nos rodeiam. Sendo Jesus Cristo, Filho de Deus feito homem, o centro e o motivo de toda a Criação, o caminho perfeito para nossa realização plena é o do seu seguimento e imitação. Isso é de tal maneira verdadeiro que os Santos Anjos, ao serem designados por Deus para a nossa guarda, se alegram imensamente por poder, com esse ofício, imitar o Cristo Bom Pastor. A imitação de Cristo, a conformidade a Ele e ao sentimento do seu coração, é assim uma coroa de glória para os nossos anjos da guarda. E o mesmo pode acontecer conosco! Quando Deus permite que se aproxime de nós alguém especialmente necessitado de reencontrar o caminho da paz e do Céu, também nós podemos ser para essa pessoa "anjo da guarda" e "bom pastor". Talvez não tenhamos condições de, humanamente, solucionar seus problemas — é certo que deveremos discernir a maneira mais equilibrada de ajudá-los sem nos deixar levar por nenhum tipo de confusão. Contudo, trazendo em nós a compaixão de Jesus Cristo e contando com a intercessão dos Santos Anjos, poderemos, com nossa presença, nossas palavras e nosso exemplo, iluminar uma parte do caminho desse irmão, para que ele faça melhores escolhas e progrida na direção da vontade de Deus.

Primeira aparição do anjo: oração

Chega a primavera do ano de 1916. Lúcia, agora, é acompanhada no pastoreio do rebanho pelos primos Francisco e Jacinta, que se tornam companheiros inseparáveis. Cria-se entre as crianças uma verdadeira amizade, que se traduz tanto nas brincadeiras quanto na oração em comum. É verdade que, nesse tempo, embora os pequenos houvessem encontrado um jeito de obedecer às ordens de dona Maria Rosa, mãe de Lúcia, para que rezassem o terço durante o dia, faziam-no sem sacrificar muito o tempo das brincadeiras. Praticavam uma espécie de "terço abreviado": Lúcia, a mais velha, exclamava "Ave, Maria!", ao que os dois menores respondiam, simples e piedosamente "Santa Maria!". Pronto, eis o terço rezado em muito pouco tempo!

Numa dessas ocasiões, enquanto as crianças jogavam na região da colina do Cabeço, ao abrigo de uma rocha a que se deu o nome de "Loca do Cabeço", sentiram um vento forte sacudir as árvores, apesar de o dia estar sereno. Viram então que, sobre as oliveiras, caminhava na direção delas "uma figura, como se fosse uma estátua de neve". À medida que se aproximava, perceberam que se tratava de um jovem com seus 14 ou 15 anos, que o sol tornava transparente como se fosse de um cristal de grande beleza. As crianças ficaram arrebatadas diante de tal visão.

Ao chegar junto deles, o celeste visitante tentou acalmá-los:

— Não temais! Sou o Anjo da Paz. Orai comigo.

Ajoelhando-se na terra, curvou a fronte até ao chão e fez as crianças repetirem três vezes estas palavras:

— Meu Deus! Eu creio, adoro, espero e amo-Vos. Peço-Vos perdão para os que não creem, não adoram, não esperam e não Vos amam.

Depois, erguendo-se, disse:

— Orai assim. Os corações de Jesus e Maria estão atentos à voz das vossas súplicas.

Desaparecendo o Anjo, as crianças ficaram envoltas num ambiente sobrenatural tão intenso que, por longo espaço de tempo, permaneceram na posição em que ele as havia deixado, repetindo a oração que ficara gravada intimamente no coração. A presença de Deus foi sentida por elas de tal maneira que mal se atreviam a falar entre si nos dias seguintes. Tal como aconteceria posteriormente nas aparições de Nossa Senhora, porém, Francisco não ouviu a voz do anjo. Enquanto as meninas repetiam a oração que ele havia ensinado, Francisco fazia eco ao que delas ouvia.

Acerca dessa aparição, Lúcia confidenciou mais tarde que não foi preciso recomendar silêncio aos pequenos, visto que o silêncio se impôs por si mesmo. A experiência havia sido tão íntima e intensa que não era fácil pronunciar alguma palavra sobre ela. Além disso, Lúcia afirmou que as aparições do Anjo absorviam e aniquilavam quase por completo as forças dos pequenos. Durante alguns dias, eles faziam as ações materiais como que impelidos pela lembrança de sua presença. A paz e a felicidade que sentiam eram tão grandes, e ao mesmo tempo tão íntimas, que concentravam a alma completamente em Deus.

As lições da aparição do anjo

A exemplo de João Batista, enviado como Precursor a fim de preparar corações bem-dispostos para a vinda do Salvador, Deus também enviou seu Anjo para preparar os pastorinhos à mensagem da Santíssima Virgem. As disposições de alma, que cultivaram a partir de seus encontros com o Celeste Mensageiro, tornaram as crianças intimamente sensíveis aos apelos da Mãe de Deus e capazes de uma generosidade heroica para cumprir a missão que receberiam do Pai. Mas e nós? Que lições podemos aprender com a aparição do Anjo da Paz?

Acima de tudo, o primeiro encontro das crianças com o Anjo foi uma ocasião de escuta — apenas ele falou. Além disso, uma das marcas deixadas pelo Anjo após a sua partida foi a profunda propensão ao silêncio. Contemplando a beleza de Deus que transparecia através do seu Anjo, as crianças foram iniciadas nos segredos e na eficácia do silêncio e do recolhimento. Todos nós sabemos, por experiência, o quanto podemos nos tornar pessoas agitadas e superficiais se não soubermos colocar limites àquilo que vemos e ouvimos do mundo ao nosso redor. Como é fácil perder a sensibilidade para Deus quando nos envolvemos em mil preocupações e distrações! O encontro dos pastorinhos com o Anjo nos recorda que, se desejamos estar abertos para compreender a direção que Deus quer dar à nossa vida, devemos aprender a guardar em nosso coração um espaço para a comunhão íntima e silenciosa com o Senhor. Todo cristão que se deseja capacitado para a missão que Deus lhe confiou deve aprender também a arte do recolhimento interior e da escuta.

O profeta Isaías nos diz: "No silêncio e na esperança estará vossa fortaleza" (Is 30,15). O silêncio exterior — com o qual calamos as palavras inúteis — e o silêncio interior — com o qual colocamos um limite à enxurrada de pensamentos que nos invadem e que roubam a simplicidade do nosso olhar, tornando-nos pessoas "complicadas" — renovam as nossas forças. Recolhimento e escuta foram as duas primeiras lições aprendidas pelos pastorinhos.

Do mesmo modo, ao apresentar-se às crianças, o anjo repetiu palavras já conhecidas do Evangelho. Como o Arcanjo Gabriel a Nossa Senhora, ou os anjos da ressurreição às santas mulheres, o convite do anjo aos pastorinhos foi um chamado à confiança: "Não temais!" Quantas vezes, diante de algo novo que se apresenta a nós e nos causa assombro, poderíamos também ouvir a voz de Deus dizendo ao nosso coração: "Não tenha medo!" Apesar de tudo o que viria pela frente, a primeira palavra vinda do Céu ao coração daqueles pequenos pastores foi um convite à corajosa entrega nas mãos de Deus, pois Nosso Senhor vence o medo que nos paralisa e nos inspira confiança nele.

Abraçar nosso lugar nos planos de Deus não significa que seremos capazes de prever todas as circunstâncias, ou que teremos o controle de todas as situações. Quando sabemos quem é o Deus que nos sustenta, não precisamos saber como será o dia de amanhã; "basta a cada dia o seu cuidado" (Mt 6,34). A confiança em Deus e no seu amor muda inteiramente nossa maneira de pensar e de acolher as coisas que nos acontecem. De tal modo isso é verdade que o apóstolo Paulo, diante das provações que cercam a vida de um cristão fiel, nos faz dizer: "Sabemos que todas as coisas cooperam para o bem daqueles que amam a Deus, daqueles que são os eleitos, segundo os Seus desígnios" (Rm 8,28). Pela confiança, aprendemos a deixar os planos de Deus amadurecerem em nossa vida; o medo não nos paralisa, porque sabemos que mesmo as circunstâncias adversas têm um lugar em nosso caminho rumo a Deus.

"Sou o Anjo da Paz." Assim identificou-se o mensageiro do Céu às crianças. Anjo da Paz, ou seja, o anjo cuja missão é conduzir os homens à paz. Não há dúvidas de que o ministério e a intervenção desse anjo foram especialmente necessários ao longo desse século, desde as aparições de Fátima. A presença do anjo nos faz compreender, de maneira muito clara, que a paz tão necessária e tão desejada pelos homens é um dom vindo do Céu, de Deus. A paz é muito mais fruto de nossa rendição à vontade perfeita de Deus do que das negociações de interesses humanos. Por isso, logo depois de se apresentar às crianças, o Anjo convidou-as à oração. Na verdade, ele se tornou para elas um verdadeiro mestre de oração, pois suas palavras ficaram gravadas para sempre em seus corações. Daquele dia em diante, os pastorinhos passavam longas horas prostrados repetindo a oração, até cair cansados: *Meu Deus! Eu creio, adoro, espero e amo-Vos. Peço-Vos perdão para os que não creem, não adoram, não esperam e não Vos amam.*

A oração é composta de uma declaração de amor a Deus e de uma súplica de intercessão pelos homens. Amor a Deus e amor ao próximo são o resumo de toda a Lei (cf.

Mt 22,39) e nos colocam no centro da vontade de Deus. A irmã Lúcia dizia que as orações ensinadas pelo Anjo foram uma constante em sua vida. Nelas se encontra tudo: profissão de fé, adoração, ato de amor, intercessão pelos irmãos que não sabem, não podem ou não querem rezar. Além disso, segundo ela, "nestas orações, quem reza está pelos outros em adoração, intercedendo e reparando, sem pensar em si". O esquecimento de si mesmo para colocar-se no lugar do próximo também é um dos ingredientes da vida e da oração cristã.

Se tomarmos cada palavra da oração, perceberemos que são convites a atitudes bem concretas. Em primeiro lugar: *Meu Deus, eu creio!* Tudo na vida cristã se dá pela fé. Seria maravilhoso se pudéssemos fazer dessa oração, ensinada por um celeste mensageiro, a nossa oração diária. Ela seria então como que um brado da nossa alma, clamando a Deus no meio das tempestades de cada dia: "Meu Deus, em todas as circunstâncias, mesmo não compreendendo teus caminhos, confiando inteiramente no teu amor de Pai, eu creio!" Já o Salmo 115 nos convida a proclamar: "Guardei a minha fé mesmo dizendo 'é demais o sofrimento em minha vida'" (Sl 115,1). A bem-aventurada Elena Guerra, apóstola do Espírito Santo nos tempos modernos, escreveu um dia em uma carta: "Creio! Creio! Creio! Isso direi até o último suspiro!" E assim de fato aconteceu: no momento da morte, desejosa de rezar o Credo, expirou ao dizer a primeira palavra: *Creio!*

Do mesmo modo, meditando sobre as palavras do anjo, veríamos crescer em nós uma disposição constante à adoração. Adorar significa reconhecer a santa e perfeita fidelidade de Deus ao seu Santo Nome. Ele é o mesmo "ontem, hoje e eternamente" (Hb 13,8), não importam as circunstâncias que estejamos vivendo: quando adoramos a Deus, reconhecemos que Ele permanece acima de tudo, governando tudo com seu amor eterno. A adoração é o antídoto para o embaço que Satanás cria em nossos olhos por meio da descrença e do desânimo. Quando, repetindo a oração angélica, nosso coração declarar ao Senhor *Meu Deus, eu adoro!*, estaremos voltando nosso olhar para Aquele que permanece fiel em meio a todas as vicissitudes de nossa vida.

A terceira atitude de alma que renovamos ao orar como o Anjo ensinou aos pastorinhos é a esperança. A Bíblia nos ensina que ela é a âncora que firma nossa alma além das nuvens (Hb 6,19), ou seja, além das provações, no trono da graça de Deus. Pela esperança, virtude que vem de Deus e nos leva para Ele, dirigimos os nossos olhos para o bem que o Senhor quer e pode nos fazer, mesmo quando estamos atravessando vales e provações.

Por fim, o Santo Anjo nos convida a dizer: *Meu Deus, eu Vos amo!* É maravilhoso que Deus nos tenha dado a capacidade de amá-Lo, mas é ainda mais maravilhoso que Ele aceite nosso amor, tão imperfeito e frágil. Contudo, imediatamente após a nossa "declaração de amor" ao Senhor, a oração muda de rumo e se torna uma súplica por todos os que não creem, não adoram, não esperam e não amam. Segundo o entendimento que a irmã Lúcia recebeu da oração, isso significa que "para que a nossa fé, a nossa adoração, a nossa esperança e o nosso amor sejam verdadeiros e agradáveis a Deus, têm que reverter a favor dos nossos irmãos, por meio da nossa oração, do nosso bom exemplo, das nossas palavras e das nossas obras. Temos que procurar ajudá-los e atraí-los, para os levarmos a Deus por caminhos retos de verdade, de justiça, de paz e de amor".

É interessante que, no momento em que a oração se torna uma súplica pelos que não creem, ela se torna também um pedido de perdão: *Peço-Vos perdão para os que não creem, não adoram, não esperam e não Vos amam*. Há aqui uma lição especial: enquanto nosso coração não abre mão do julgamento e das acusações, não somos capazes de ter uma verdadeira compaixão por aqueles que erram, ao ponto de rezar e pedir a Deus a sua salvação. Sem perdão, não há intercessão. Por outro lado, o perdão só começa a acontecer quando rezamos por aqueles que feriram o coração de Deus e, talvez, tenham ferido também o nosso. Perdão e oração são realidades que se entrelaçam, tal como o próprio Salvador nos ensinou na Cruz, dizendo: "Pai, perdoa-lhes, porque não sabem o que fazem" (Lc 23,34).

Em seu comentário à oração do anjo, irmã Lúcia nos ensina ainda que, quando nos colocamos diante de Deus para pedir perdão por aqueles que não creem, não adoram, não esperam e não amam, de repente podemos descobrir que nós mesmos estamos nesse número. Então, que lição gloriosa!, descobrimos que, na medida em que oramos pelos que têm falhado no amor, crido fragilmente ou esperado e adorado de maneira fria, podemos estar orando por nós mesmos. Cumpre-se, então, aquilo que o próprio Salvador já nos havia ensinado a pedir: "Perdoa as nossas ofensas, assim como nós perdoamos a quem nos têm ofendido."

Depois de ensinar a oração, o Santo Anjo encorajou as crianças certificando-as de que "os corações de Jesus e de Maria estão atentos à voz das vossas súplicas". Quando oramos "com o coração", podemos ter a certeza de que o coração de Deus está aberto para nos ouvir. Vivemos num mundo e num tempo de tanta desatenção... Chega-se a falar de uma síndrome de deficiência na atenção que nos impede de mergulhar com profundidade numa atividade ou num estudo. Contudo, os corações de Jesus e Maria são atentos, capazes de se deter sobre nós e sobre nossas súplicas, descendo profundamente sobre cada situação que lhes apresentamos. Cultivar a atenção ao Senhor na oração é uma tarefa árdua, mas que realiza em nós uma transformação profunda, capaz de abençoar todas as áreas da nossa vida. Por fim, as palavras do anjo aos pastorinhos inspiram, também a nós, a certeza de que o Senhor se importa com nossas palavras e nossos pedidos, especialmente quando são movidos pelo amor ao próximo.

Segunda aparição do anjo: sacrifício

No auge do verão, os pastores levavam as ovelhas para o pasto na parte da manhã e traziam-nas de volta para os estábulos na hora do almoço. Após a refeição, por causa do intenso calor, todos se recolhiam para a sesta. Numa dessas ocasiões, enquanto as crianças brincavam junto ao poço que havia atrás da casa de Lúcia, receberam pela segunda vez a visita do anjo. Dessa vez, foram interrompidas em suas brincadeiras por uma pergunta do Celeste Amigo:

— Que fazeis? Orai, orai muito. Os corações santíssimos de Jesus e de Maria têm sobre vós desígnios de misericórdia. Oferecei constantemente ao Altíssimo orações e sacrifícios.

Surge então uma nova palavra, que daquele dia em diante fará parte da vida dos pastorinhos: sacrifício. Naquela ocasião, as crianças não sabiam exatamente o que essa palavra poderia significar. Por isso, Lúcia perguntou:

— Como havemos de nos sacrificar?

— De tudo que puderdes — respondeu o anjo. — Oferecei a Deus sacrifício em ato de reparação pelos pecados com que Ele é ofendido e súplica pela conversão dos pecadores. Atraí, assim, sobre a vossa pátria, a paz. Eu sou o anjo da sua guarda, o Anjo de Portugal. Sobretudo, aceitai e suportai, com submissão, o sofrimento que o Senhor vos enviar.

Após ensinar o valor da oração e incutir no coração dos pequenos a certeza confiante da atenção de Deus sobre as nossas súplicas, o anjo ensinava agora o valor e o sentido do sacrifício. Cada palavra desta segunda aparição pode dizer muito também a nós.

Ao aproximar-se das crianças, o anjo interrompe suas brincadeiras com uma pergunta: *Que fazeis?* Certamente que os divertimentos dos pastorinhos naquela quente tarde de verão eram inocentes, mas o propósito da pergunta era levá-los a tomar consciência do valor dos pequenos atos de nossa vida e da importância de não perdermos nenhuma oportunidade de nos unirmos mais perfeitamente à vontade de Deus.

Hoje, o anjo poderia fazer também a mim e a você a mesma pergunta. Em que você está envolvido nesse dia? O que está sendo para você motivo de agitação ou dispersão? O que você está fazendo com sua alma e com aqueles que o Senhor confiou aos seus cuidados? Porque somos tantas vezes arrastados por uma atividade febril e nem sequer nos damos conta de que vai se abrindo um grande vazio dentro de nós, é preciso perguntar-nos vez por outra: "Que estou fazendo?" Algumas circunstâncias, que nos fazem parar o caminho acelerado do nosso dia a dia, podem ser um modo de Deus nos perguntar o que estamos fazendo. Uma enfermidade que nos obriga a diminuir nosso ritmo acelerado; uma limitação que nos faz reconhecer que não damos conta de tudo; a perda de alguém que tínhamos ao nosso lado…

A pergunta do anjo obriga-nos a olhar para nós mesmos. Tendemos a perceber de maneira muito atenta aquilo que outros estão fazendo. Principalmente quando nos sentimos prejudicados pelas atitudes de alguém, ou quando alguma coisa não sai como havíamos planejado, identificamos imediatamente os responsáveis por nosso sofrimento. Contudo, apenas quando somos capazes de reconhecer o que nós mesmos estamos fazendo com nossa alma é que somos libertados da opressão das circunstâncias. Quando abrimos mão da posição de vítima e nos questionamos sobre nossas próprias atitudes, sobre o modo como estamos reagindo ao que nos cerca, Deus gera em nós a graça do arrependimento e nos concede fortaleza para a mudança. Responder à pergunta "O que estou fazendo?" obriga-nos a reconhecer nossa posição diante da vida e diante de Deus.

A Escritura nos conta que, um dia, Jesus encontrou-se com uma mulher samaritana junto a um poço. Inicialmente, a conversa parecia correr em linhas paralelas, até que Jesus questionou a mulher a respeito de seu casamento. De maneira evasiva, ela respondeu que não era casada. De fato, diz Jesus, ela já havia se casado cinco vezes, e seu atual companheiro não era seu marido. Gradualmente, a mulher vai abrindo seu coração a Jesus, que parecia conhecê-la tão bem. Ao final da conversa, ela retorna para sua aldeia e anuncia que encontrou o Messias. O testemunho que ela tem a oferecer a seus compatriotas é surpreendente: "Encontrei um homem que me disse tudo que eu fiz!" (Jo 4,29).

Que maravilhosa descoberta: encontrar alguém que, sem acusar, sem usar nossos erros para nos desanimar, revela-nos tudo o que fizemos e as consequências que isso tem causado em nossa vida. Um encontro assim é capaz de fazer alguém ver as coisas de outra maneira; pode-se tentar, então, um novo caminho. Será que nós também não precisamos de um encontro assim, hoje? É essa experiência de encontro com Jesus que a pergunta do anjo pode nos proporcionar.

A essa pergunta, porém, segue-se um conselho: "Orai, orai muito!" Questionada um dia sobre o que significaria orar muito, a irmã Lúcia respondeu: "O que cada um entende por orar muito está de acordo com a medida de amor do seu coração. Se cada um de nós orasse muito, certamente a medida do amor cresceria; e se cada um de nós amasse muito, por sua vez, a medida da oração aumentaria igualmente." O próprio Jesus um dia nos disse: "Onde está o teu tesouro, aí estará também teu coração" (Mt 6,21). Se fizermos uma escolha por Deus, se o mantivermos diante dos olhos como alvo de nossa vida, então certamente também encontraremos tempo para rezar. Enquanto não escolhemos Deus, não temos tempo para Ele, ainda que consigamos encontrar tempo para outras coisas que nos parecem urgentes. A respeito de tudo na vida, e não só a respeito da oração, vale a regra: temos tempo para aquilo que é prioridade. Orar muito, portanto, não é um luxo para aqueles que têm tempo de sobra; é uma necessidade para aqueles que não querem sair da presença de Deus.

Nesse segundo encontro com o anjo, Lúcia pediu um esclarecimento. Este continuou sendo o modo como transcorreram as aparições até o fim: Francisco apenas via o anjo e Nossa Senhora, mas não os ouvia. Jacinta via e ouvia. Lúcia, por sua vez, podia ainda falar com os visitantes celestes. Tendo ouvido a palavra "sacrifício", Lúcia perguntou como poderiam eles se sacrificar.

De tudo que puderdes, oferecei... Maravilhosa lição para a vida de todo cristão: quando estamos unidos a Deus, nada se perde, nem os sofrimentos. Tudo pode ser consagrado, ofertado a Deus no altar de nosso coração. Quando não apenas suportamos as provas da vida, mas nossas dores se tornam "sofrimentos consagrados" pela nossa íntima oferta ao Senhor, pela nossa união com a sua Cruz, então cada pequena dor reveste-se do incrível poder do Calvário: "Completo o que falta às tribulações de Cristo em minha carne pelo Seu corpo, que é a Igreja" (Cl 1,24). Não que falte algo ao que Cristo realizou por nós. Mas, como agora somos uma só coisa com Ele, deve completar-se em nós o grandioso mistério que da Cruz faz brotar vida.

Como, na prática, podemos transformar sofrimentos em oferta a Deus? Há basicamente dois tipos de sacrifício que podemos oferecer: os que nós próprios escolhemos e aqueles que Deus nos envia. As palavras do Anjo dão a entender que a aceitação do segundo tipo de sacrifício é especialmente agradável a Deus. Vinte e cinco anos depois das aparições, quando era já religiosa na Espanha, a irmã Lúcia pediu a Deus algumas luzes especiais sobre o tema do sacrifício e da penitência. Afinal, algumas pessoas, julgando que penitência significava grandes austeridades, e não sentindo forças nem generosidade para tanto, poderiam desanimar e se render a uma vida de tibieza e pecado. Foi então que, numa noite de quinta para sexta-feira, o Senhor lhe falou ao coração: "O sacrifício que de cada um exige o cumprimento do próprio dever na observância da minha Lei, essa é a penitência que agora peço e exijo." E completa então a irmã: "O sacrifício que cada pessoa tem que impor-se a si mesma para levar uma vida de justiça na observância da Sua Lei; é esse caminho que o Senhor deseja que se faça conhecer com clareza às almas." A própria irmã Lúcia, que com coração generoso desejava entregar sua vida ao martírio por Jesus Cristo, percebeu então que existe um outro tipo de martírio "por vezes ainda mais difícil, que consiste no golpear lento do martelo da renúncia que crucifica e imola, como a lima surda que desgasta a vida que se entrega para sempre: o que tu quiseres, meu Deus e meu Senhor!"

É verdade que, a partir dessa segunda visita do anjo, os pastorinhos não perderam mais nenhuma oportunidade de sacrificar alguns pequenos prazeres de criança: davam seu almoço para os pobres e se alimentavam com ervas amargas do campo; não bebiam água, mesmo no calor do verão, enquanto estavam cuidando do rebanho; inventaram um "cinto da penitência", uma corda áspera que levavam amarrada sob a camisa. Contudo, todas essas coisas eram como que um exercício para dar vazão e alargar a generosidade de seus corações infantis. Chegando o tempo da enfermidade e das maiores provações, os pastorinhos manifestaram profundo espírito de sacrifício ao viver tudo sem reclamações, transformando seus sofrimentos em "sofrimentos consagrados" pela aceitação e pela rendição confiante à vontade e ao chamado de Deus.

À luz dos comentários da irmã Lúcia, podemos entender que "o sofrimento que o Senhor vos enviar" é a cruz que acompanha cada nova missão ou tarefa que Ele nos confia. As obras de Deus são seladas com o sinal da Cruz; nossa fidelidade diária ao chamado que o Senhor um dia nos fez, seja para a vida matrimonial ou consagrada, seja nessa ou naquela área profissional, trará consigo, certamente, algumas contrariedades. Quando damos nosso "sim" ao chamado de Deus, não imaginamos aonde esse sim nos levará, não somos capazes de prever todas as circunstâncias. Esconde-se aí o "sofrimento que o Senhor nos envia". Porém, se é verdade que não podemos escolher cada circunstancia da vida, é verdade também que podemos escolher como vivê-las: com espírito de revolta ou com disposição para o sacrifício. Esse é o convite que o anjo nos faz nessa segunda aparição.

"Reparação": palavra-chave da mensagem

Qual, no entanto, seria o propósito de uma vida de oração e sacrifício? O próprio Santo Anjo nos responde, ao dizer a Lúcia: "oferecei a Deus sacrifício em ato de *reparação* pelos pecados com que Ele é ofendido e *súplica* pela conversão dos pecadores". A intenção primeira é a da reparação, ou seja, a de restaurar o dano causado pelo pecado. Esta palavra — "reparação" —, talvez tão pouco comum em nossa linguagem habitual, é uma das palavras-chave para compreendermos a mensagem de Fátima. O que ela significa, afinal?

O verbo "reparar" possui diversos sentidos. Mais comumente, significa restaurar, recompor até o estado primitivo. Sabemos que nosso relacionamento com Deus foi ferido pelo pecado e nos tornamos distantes Dele. A Escritura nos diz que o pecado se tornou um abismo no qual mergulhou nossa alma. Mas a misericórdia de Deus, mais alta e mais profunda, foi capaz de nos alcançar. Um abismo foi colocado diante do outro, nosso pecado foi posto diante do amor redentor de Deus: "Um abismo chama outro abismo" (Sl 41,8). E os braços de Cristo crucificado se interpuseram entre ambos, reunindo de novo Céu e Terra, nosso coração ao Coração de Deus (Cl 1,20). Com o seu Coração consumido pelo desejo de fazer a vontade do Pai e pelo desejo de salvar a ovelha perdida, Jesus reparou a fenda que havia entre nós e Deus. O caminho escolhido para realizar essa obra e nos conduzir de volta ao Pai foi o caminho da Cruz e do sofrimento. Porque a capacidade de amar de Cristo é imensa, é também imensa a sua capacidade de sofrer. Seu amor é sempre um amor de imolação, ou seja, um amor disposto a tudo deixar por aquele que se perdeu. Pelo sacrifício de sua vida doada até o fim, Jesus reparou, restaurou a comunhão entre os homens e Deus, abrindo para nós um "novo e vivo caminho". O perdão "mais forte que a morte" nos alcançou e nos abriu as portas para uma nova vida.

Contudo, há multidões que não conhecem ou se esqueceram desse amor. Há muitos que, tendo um dia sido agraciados por ele, tornaram-se insensíveis e ingratos. Cristo, porém, continua amando-os e ardendo no desejo de acolhê-los. Se é verdade que, atualmente, Ele já não pode mais padecer em sua humanidade e dar largas a esse amor por meio do sofrimento, também é verdade que Ele pode ainda padecer em nós, que somos o seu Corpo nesta Terra (1Cor 12,12). Todos os que estamos em Cristo devemos ter em nós "o mesmo sentimento dele" (Fl 2,5). Ora, São Paulo nos diz em 2Cor 1,5 que devem "crescer em nós os sofrimentos de Cristo", para que possamos ser instrumento de consolação para os irmãos. Que grandioso destino o que nos foi reservado por Deus: participar da missão do Salvador, ou seja, de sua Paixão, por meio da oferta de nossa vida — tantas vezes de maneira sofrida —, para que outras pessoas possam ter sua comunhão com Deus restaurada. Diante das ruínas que se amontoam por todos os lados, um cristão não pode fechar o coração sobre si mesmo. A mensagem de Fátima nos convida a ser colaboradores de Deus na restauração de muitos.

Lembremos que a mensagem foi dirigida, em primeiro lugar, a três crianças. O caminho de oferecimento de si que o Espírito Santo inspirou nos seus corações devia ser trilhado, portanto, segundo as possibilidades de uma criança. É maravilhoso descobrir o quanto elas usaram sua imaginação infantil para aproveitar todas as oportunidades de oferecer as pequenas contrariedades do dia a dia com espírito de amor, por reparação e para a conversão dos pecadores. Eram crianças "resolvidas ao sacrifício"! Por intermédio delas, Deus nos mostra que não é preciso ter muito para dar muito. Aquele que possui pouco, mas se dá por inteiro, dá muito. Assim também podemos fazer nós, se aprendermos a usar nossas cruzes para o bem das almas e para o Céu, em vez de as desperdiçarmos pelo espírito de revolta e de reclamação. São Francisco de Sales recorda que são de modo especial valiosas as cruzes que encontramos na rua e aquelas que achamos em casa. Nada se perde para quem tem o coração generoso e deseja reparar as tantas feridas ainda abertas pelo pecado, mas que podem ser curadas pelo fluir do Sangue Precioso de Cristo através da vida daqueles que são Dele.

Além do sentido de uma vida oferecida a Deus pela salvação dos homens, na qual toda ocasião de amar, inclusive o sofrimento, é aproveitada ao máximo, a palavra "reparação" também possui outro significado, mais íntimo, de consolar a Deus. Veremos esse tema um pouco mais adiante.

O Anjo de Portugal

Em seu segundo encontro com os pastorinhos, o anjo revelou algo novo a respeito de sua identidade: *Sou o Anjo de Portugal.*

Diz o Catecismo da Igreja Católica que "esta ordem ao mesmo tempo cósmica, social e religiosa da pluralidade das nações foi confiada pela Providencia Divina à guarda dos anjos" (CIC, 56). A fé em que toda nação tenha o seu anjo da guarda, posto por Deus para lutar pelos divinos interesses sobre cada povo e para interceder por seus protegidos, está enraizada em algumas passagens do Antigo Testamento. O Arcanjo São Miguel é chamado, no livro de Daniel (Dn 10,21), de "príncipe do povo de Israel". Também no livro do profeta Zacarias encontramos uma visão na qual o anjo intercede pelo povo de Israel: "Então disse o Anjo do Senhor: 'Senhor dos Exércitos, até quando demorarás ainda a ter piedade de Jerusalém e das cidades de Judá, contra as quais estás irado, há setenta anos?' E o Senhor respondeu ao Anjo que falava comigo, com boas palavras, com palavras consoladoras" (Zc 1,12-13).

Alguns comentadores do Novo Testamento consideram que a passagem narrada em Atos dos Apóstolos (At 16,9), na qual o apóstolo Paulo é chamado em sonho para pregar na Macedônia, refere-se a uma visão do anjo da guarda daquela nação, desejoso de que Paulo se dirigisse para lá a fim de anunciar o Evangelho.

Em Fátima, o Anjo que se apresenta aos pastorinhos se chama pelo nome de Anjo de Portugal. Seu desejo é atrair a paz para a nação, pedindo às crianças, portanto, que ofereçam orações e sacrifícios. "A oração é irmã do sacrifício." O Salvador assim o mostrou, cobrindo sua Cruz com súplicas de perdão e palavras de confiança no Pai. Se, por revelação de Deus, sabemos que essa é a realidade espiritual que nos cerca, aprendamos com a mensagem de Fátima a pedir a intercessão do anjo da guarda de nossa pátria, unindo-nos a ele em oração e penitência pelos destinos do nosso povo.

Terceira aparição do anjo: íntima comunhão

Na terceira e última aparição, o Santo Anjo conclui sua missão de preparar os pastorinhos para as coisas maiores que viriam. Lúcia recorda que esse último encontro com o Celeste Mensageiro aconteceu no outono de 1916, na gruta onde o haviam visto pela primeira vez, chamada, como vimos, Loca do Cabeço. Enquanto as crianças, como de costume, rezavam prostradas a oração aprendida na primeira aparição, sentiram-se envolvidas por uma luz intensa. Nela, avistaram o anjo com um cálice nas mãos, sobre o qual pairava uma hóstia de que caíam algumas gotas de Sangue. Sem nada dizer, o anjo deixou o cálice e a hóstia suspensos no ar e ajoelhou com o rosto por terra, no que foi acompanhado pelos pastores. Rezou, então, esta oração:

Santíssima Trindade, Pai, Filho, Espírito Santo, adoro-Vos profundamente e ofereço-Vos o preciosíssimo Corpo, Sangue, Alma e Divindade de Jesus Cristo, presente em todos os sacrários da Terra, em reparação dos ultrajes, sacrilégios e indiferenças com que Ele mesmo é ofendido. E pelos méritos infinitos do Seu Sacratíssimo Coração e do Coração Imaculado de Maria, peço-Vos a conversão dos pobres pecadores.

O anjo rezou lentamente, para que as crianças repetissem. Como das outras vezes, Francisco repetiu ao ouvir a irmã e a prima, pois não escutava a voz do mensageiro. Em seguida, erguendo-se, o anjo tomou a hóstia e ministrou-a a Lúcia, enquanto o conteúdo do cálice foi oferecido a Jacinta e a Francisco. Ao fazer isso, disse: "Tomai e bebei o Corpo e o Sangue de Jesus Cristo, horrivelmente ultrajado pelos homens ingratos. Reparai os seus crimes e consolai o vosso Deus." Poderíamos agora nos lembrar das palavras do Salvador, manifestando aos discípulos que eles participariam de seus sofrimentos: "Vós bebereis o cálice que eu devo beber e sereis batizados no batismo em que eu devo ser batizado" (Mc 10,39). Então, prostrando-se todos ao chão novamente, repetiram por três vezes a oração à Santíssima Trindade, desaparecendo o anjo em seguida.

Sem perceber sua ausência, as crianças, em êxtase, permaneceram prostradas por longo tempo. Foi Francisco que, notando a proximidade da noite, chamou a atenção das meninas para a necessidade de retornarem à casa. Desde aquele dia, não viram mais o anjo, que havia cumprido sua missão: como bom catequista, levou as crianças até Jesus na Eucaristia, alargando seus corações segundo as dimensões de Deus. Estavam prontas, portanto, para responder ao chamado que receberiam do Céu.

Corações unidos

A oração ensinada pelo anjo em sua última aparição é uma revelação da dor do coração de Deus e, ao mesmo tempo, um convite a compartilharmos de seu sofrimento e tornar-nos um só coração com Cristo, que se ofereceu de uma vez por todas ao Pai para cobrir o pecado do mundo com a entrega de sua vida.

Alguém poderia imaginar: "Como podemos falar que há dor no coração de Deus, ou que Ele sofre?" É claro que Deus, soberano em majestade, não sofre as limitações ou contrariedades que nós sofremos. Em Deus, a capacidade de sofrer é proporcional à sua capacidade de amar. Ele sofre porque nos ama, vendo-nos afastados Dele e entregues a tantos enganos e solidão. Nesse sentido, a mensagem de Fátima não é outra coisa senão um lamento do coração amoroso de Deus. Ele busca corações sintonizados com o seu, com os quais possa compartilhar a sua dor e, por isso mesmo, consolar-se.

Deus quis que seu sofrimento por amor, um sofrimento que podemos chamar de compaixão, se derramasse sobre o mundo e fosse capaz de curá-lo pela encarnação de seu Filho, Jesus Cristo. O Verbo de Deus encarnado sofreu por nós, e o fez com um coração humano. A poderosa compaixão de Cristo, que era capaz de curar enfermos e mesmo ressuscitar os mortos, manifestou-se de maneira gloriosa no Calvário, onde o Salvador se entregou por cada um, cobrindo nossos pecados e egoísmo com seu amor puro e generoso.

Ora, tendo voltado para o Pai, Jesus Cristo, Deus e homem verdadeiro, não experimenta mais a dor e o sofrimento como os experimentou em sua vida terrena. Contudo, sua capacidade de sofrer, assim como sua capacidade de amar, permanece imensa. Por isso, para dar vazão a tamanho oceano de amor oblativo, Jesus compartilha com seu Corpo na Terra, a Igreja, o sentimento de seu coração. Inflamada por esse amor que anseia por entregar-se para que muitos tenham vida nova, a Igreja se sacrifica há dois mil anos. E o faz de modo bem concreto, por aqueles seus filhos e filhas que oferecem sua vida, os pequenos atos de cada dia, para a salvação do mundo.

Cristo alimenta a Igreja consigo mesmo, com seu amor sacrificado, por meio da Eucaristia. Quando nos unimos a Ele em comunhão, podemos ser abrasados com o mesmo amor que havia no seu peito na Cruz. Assim, tendo o mesmo sentimento de Cristo, poderemos oferecê-lo ao Pai, na unção do Espírito Santo, para cobrir ainda mais largamente a humanidade inteira com o perdão divino.

A cada comunhão, em cada Eucaristia, realizamos o que a oração do anjo ensinou aos pastorinhos: oferecemo-nos com Cristo, por Cristo e no Cristo eucarístico à Santíssima Trindade. E nesse retorno amoroso para a fonte de nossa vida, que é Deus, arrastamos conosco, por nossa oração, sacrifício e testemunho, tantos e tantos que, esquecidos do amor, perdem-se na indiferença ou no ódio. O amor cobre uma multidão de pecados e é capaz de alcançar o coração do pecador. Crer nesse prodígio silencioso do sofrimento oferecido em união com o coração de Cristo é uma das chaves para compreendermos a mensagem de Fátima.

A oração do anjo indica, ainda, quais as causas do constante sofrimento do coração de Deus, que Ele compartilha com os que abrem seus ouvidos ao seu apelo: ingratidões, ultrajes, sacrilégios e indiferenças. Se, em Deus, sofrer e amar se confundem, a causa de seu sofrimento não poderia ser outra senão nossa frieza diante da Aliança que nos é proposta.

A Escritura nos afirma que o desejo de Deus ao criar o homem era compartilhar sua vida, sua amizade. Ao enviar seu Filho para nos reconduzir à casa, o Pai prometeu que Ele seria conhecido por todos como "Emanuel", que significa "Deus conosco". Esta é a identidade de Jesus, seu modo de ser: "Deus conosco." A missão de Jesus foi muitas vezes, por Ele mesmo, resumida nessas palavras: "Coragem! Sou eu! Não tenhais medo" (Mc 6,50). Ou então: "Eu estarei convosco todos os dias, até o fim!" (Mt 28,20). A resposta dos homens, ao longo dos tempos, não tem sido outra senão desprezo e abandono. De fato, o caminho de Jesus até o Calvário foi um caminho de profunda solidão: um de seus amigos o traiu, outro o negou. Na hora de maior angústia, todos dormiram, sem conseguir vigiar ao seu lado e compartilhar o seu sofrimento. Durante sua Paixão, o Senhor não foi julgado uma, senão cinco vezes. O Emanuel foi abandonado à Cruz. E, ainda assim, fiel à sua missão e ao seu ser, Ele prosseguiu em amar e se doar. Ainda hoje, com sua fidelidade eucarística, Ele continua a cobrir tantas ingratidões e esquecimentos com um amor maior, ao qual deseja associar cada um dos que se abrem a Ele.

Essa gloriosa união ao Coração entregue de Jesus na Cruz foi acolhida, antes de tudo e mais do que qualquer outro, pela Virgem Santíssima. Por isso, na oração do anjo, o Imaculado Coração de Maria aparece unido, fundido, ao Coração de Jesus. Juntamente com ela, agora é nossa vez de tomarmos lugar nessa comunhão de corações. Como não temos nada de próprio a apresentar nesse ofertório cotidiano ao altar da vida, oferecemos à Santíssima Trindade o perfeito sacrifício do Coração de Jesus e a perfeita comunhão com Ele que realizou o Coração de Maria. Nessa oferta unimos nossas frequentes dores, alegrias, obras e palavras, para que tudo seja "matéria-prima" nas mãos de Deus, que deseja mergulhar os corações dos homens no amor salvador de Cristo.

A oração do anjo termina com a súplica pela conversão dos pobres pecadores. Eles, todos nós, só podemos ser alcançados e tocados no íntimo por algo que venha do coração de Deus e nos leve de volta para Deus. Tal é a compaixão infinita que Jesus compartilha conosco na Eucaristia que, inflamando nosso coração, pode consumir todas as nossas ações; por esse caminho, nada se perde, nem mesmo aqueles momentos de inação nos quais nos sentimos atados por nossas limitações e pelos laços que nos prendem à cruz de cada dia. Esse é o caminho ensinado pelo anjo aos pastores, o caminho pelo qual eles correrão com a ajuda da Mãe de Deus.

A Senhora mais brilhante que o sol

~

Maio: o primeiro encontro

No dia 5 de maio de 1917, o papa Bento XV, diante da tragédia da Primeira Guerra Mundial, decidiu acrescentar à Ladainha de Nossa Senhora a invocação "Rainha da Paz". Convocando a Igreja à oração, o Santo Padre dizia: "Eleve-se a Maria, que é Mãe de Misericórdia e onipotente por graça, esse amoroso e devoto apelo... E leve a ela o angustiado grito das mães e das esposas, o gemido das crianças inocentes, o suspiro de todos os corações: mova a sua terna e benigníssima solicitude para obter para o mundo perturbado a ansiada paz." No dia 13, domingo, em Fátima, os três pastorinhos, depois de participar da Missa na matriz, foram tocar os rebanhos para as pastagens próximas da aldeia, como era seu costume. Foram até uma região conhecida como Cova da Iria, de propriedade dos pais de Lúcia, um pequeno vale onde, um dia, havia existido uma capela de devoção à mártir Santa Irene (ou Santa Iria). Enquanto brincavam, por volta do meio-dia, as crianças avistaram um relâmpago e, pensando que poderia ser aviso de tempestade, começaram o retorno para casa. Ao descer a encosta e reunir o rebanho, perceberam perto de uma azinheira outro relâmpago e, sobre uma das árvores, uma senhora, vestida toda de branco, "mais brilhante que o sol", espargindo luz, mais clara e intensa que um copo de cristal cheio de água límpida sendo atravessado pelos raios do sol mais ardente. Surpreendidas pela aparição, as crianças pararam. Estavam então tão próximas que se viram dentro da luz que cercava a Senhora, talvez a um metro e meio de distância, mais ou menos. Aquela mulher, então, iniciou uma amistosa conversa:

— Não tenhais medo! Eu não vos faço mal.

Maria Santíssima desejava, acima de tudo, a confiança dos seus pequenos confidentes. Por isso, assim como fizera o anjo, afugentou todo medo: "O amor lança fora o temor" (1Jo 4,18). Então, humildemente, a Mãe de Deus lhes disse: "Eu não vos faço mal." Nosso mundo desconfia do amor de Deus e de seus caminhos, por isso, aprendeu a fugir da Cruz. Nossa Senhora quer que os pequenos aprendam a viver para Deus e, assim, saibam também superar os próprios sofrimentos, colocando o Senhor no centro. A entrega em meio ao sofrimento é a atitude oposta à que o mundo tem hoje. Começa aqui uma nova lição na escola de Maria. Também nós precisamos reaprender a confiar no Senhor e nos desígnios que, como Pai, Ele tem para nossa vida. Deus não nos faz mal, mesmo quando não compreendemos seu modo de agir. É a confiança que nos faz prosseguir para além da Cruz.

Lúcia, então, perguntou de onde vinha a visitante. A Senhora respondeu simplesmente: "Sou do Céu." Certamente essa deveria ser também nossa resposta ao sermos perguntados sobre de onde somos. Diz a Escritura que "nossa vida está escondida com Cristo, em Deus" (Cl 3,3); além disso, nos afirma que somos "cidadãos do Céu" (Fl 3,20). Como Maria Santíssima, como os santos, nossos irmãos, somos do Céu, e para lá devemos manter nossos olhares fixos.

Continuando o diálogo, como fará nas outras vezes, Lúcia perguntou o que desejava a Senhora. A resposta é o convite a um compromisso; dali por diante, Nossa Senhora deseja reencontrar os pastorinhos, ensiná-los, ter com eles um caminho para percorrer:

— Vim para vos pedir que venhais aqui seis meses seguidos, no dia 13, a esta mesma hora. Depois vos direi quem sou e o que quero. Depois voltarei ainda aqui uma sétima vez.

Lúcia perguntou então se ela também iria para o Céu. E a Senhora lhe respondeu que sim.

— Jacinta também?

— Sim — respondeu a Senhora.

— E o Francisco?

— Também, mas terá que rezar muitos terços.

A menina então se lembrou de perguntar por duas moças da aldeia que tinham morrido há pouco tempo, com cerca de dezesseis e vinte anos. Eram suas amigas e estavam sempre em sua casa aprendendo, com a irmã mais velha, o ofício de tecedeiras.

— Maria das Neves já está no Céu?

— Sim, está.

— E a Amélia?

— Estará no Purgatório até ao fim do mundo.

Nossa Senhora, então, continuando a selar com as crianças um compromisso duradouro, sinal do chamado especial que Deus havia destinado a cada uma delas, lhes perguntou:

— Quereis oferecer-vos a Deus para suportar todos os sofrimentos que Ele quiser enviar-vos, em ato de reparação pelos pecados com que Ele é ofendido e de súplica pela conversão dos pecadores?

— Sim, queremos! — responderam pronta e generosamente as crianças.

— Ireis, pois, ter muito que sofrer, mas a graça de Deus será o vosso conforto.

Ao pronunciar essas palavras, Nossa Senhora abriu as mãos pela primeira vez, comunicando-lhes uma luz tão intensa — como que um reflexo que dela se expandia — que, penetrando-lhes no peito e no mais íntimo da alma, fez as crianças verem a si mesmas em Deus, mais claramente do que se é possível ver nos espelhos. Então, por um impulso íntimo comunicado por Deus, elas caíram de joelhos e repetiram intimamente:

— Ó Santíssima Trindade, eu Vos adoro. Meu Deus, meu Deus, eu Vos amo no Santíssimo Sacramento.

Passados alguns momentos, Nossa Senhora acrescentou:

— Rezem o terço todos os dias, para alcançarem a paz para o mundo e o fim da guerra.

Em seguida, começou a elevar-se serenamente, subindo em direção ao Nascente até desaparecer na imensidão distante. A luz que a circundava ia como que abrindo um caminho no cerrado dos astros, motivo pelo qual algumas vezes as crianças disseram ver o céu se abrir.

Desaparecida a visão, os pastorinhos ficaram absorvidos pela beleza da Senhora, mas não com a prostração que lhes deixavam as visitas do anjo. As meninas comunicaram ao Francisco o que havia dito a mulher, porque ele não a ouvia. Quando Lúcia lhe disse que Nossa Senhora o levaria para o Céu, mas que tinha que rezar muitos terços, o pequeno não titubeou:

— Ó minha Senhora, terços, rezo todos quantos vós quiserdes!

Na volta para casa, Jacinta repetia muitas vezes: "Que Senhora tão bonita!" Percebendo que o entusiasmo da prima faria com que ela terminasse por contar a experiência para alguém, Lúcia recomendou vivamente que tudo fosse mantido em segredo. Contudo, as recomendações não foram suficientes e, no jantar, Jacinta acabou por relatar à família que haviam encontrado uma linda Senhora na Cova da Iria. "Tinha as mãos assim (e imitava a posição das mãos de Nossa Senhora) e tinha um terço tão lindo!" Lúcia, por sua vez, nada contou à família. Tendo sua mãe sido informada pela cunhada de que Jacinta revelara o "segredo" dos primos, Lúcia foi fortemente admoestada pela mãe a deixar de lado as conversas sobre o acontecido.

Nesta mesma data, 13 de maio de 1917, também por volta do meio-dia, em Roma, era ordenado bispo o padre Eugenio Pacelli. No futuro, quando se tornasse o papa Pio XII, seria ele a proclamar o dogma da Assunção de Maria Santíssima ao Céu.

A escola de Maria

Fátima é "um acontecimento único na história dos homens", segundo as palavras do papa Bento XVI. De fato, esse lugar se tornou uma escola de santidade, onde a própria Mãe de Deus veio nos convidar a viver de maneira radical e sincera o Evangelho. E quais as primeiras lições de Maria Santíssima no dia 13 de maio?

A conversa entre Nossa Senhora e Lúcia versa, em sua primeira parte, sobre o Céu. Diante da beleza da "Senhora mais brilhante que o sol", a menina perguntou imediatamente se iria, com seus primos, para o Céu. Além disso, preocupou-se com o destino eterno de duas amigas recém-falecidas, recebendo ao menos uma resposta surpreendente da parte de Nossa Senhora.

Poder-se-ia questionar se tais preocupações seriam adequadas a uma criança de dez anos; estamos acostumados a pensar que a morte e a eternidade não fazem parte do horizonte de preocupações de uma criança. Contudo, talvez não fosse assim no início do século XX. Além disso, parece que a tônica da conversa não se encontra num melancólico desânimo diante da vida, mas sim na esperança de que, um dia, poderemos fazer parte de uma realidade tão gloriosa como aquela que os pastorinhos então contemplavam. A vinda de Nossa Senhora acendeu no coração das crianças, em primeiro lugar, uma viva esperança, sem a qual não é possível acolher os desafios de cada dia com espírito bem--disposto. Além disso, as aparições terminaram sempre com as crianças erguendo a cabeça, admirando Nossa Senhora "subir" em regresso ao Céu, como que alargando os horizontes diante de seus olhos. Essa imagem deveria nos dizer muito num tempo em que tantos vivem com a cabeça abaixada, sem esperança. Como diz o Salmo 26: "Desde agora o Senhor levanta a minha cabeça..." (Sl 26,6).

Na escola de Fátima, Maria Santíssima, vinda do Céu, nos lembra que "nosso destino está seguro nas mãos de Deus". De repente, aquelas crianças veem e ouvem o mundo futuro tocando e transformando o seu presente, derramando-se sobre elas. Assim como aos pastorinhos, também a nós Deus anuncia boas-novas de esperança: Jesus está vivo, está perto de nós, cada vez que ouvimos sua voz na Escritura, O buscamos na oração ou entramos em comunhão com Ele na Eucaristia. Nesses momentos, podemos ter a certeza, como nos diz o papa Bento XVI, de que existe "Aquele que, mesmo na morte, me acompanha e com seu bastão e seu cajado me conforta, de modo que não devo temer nenhum mal: esta é a nova esperança que surge na vida daqueles que acreditam" (*Spe salvi*, 6). A mensagem de Fátima, ao contrário do que muitos poderiam pensar, não é uma mensagem de pessimismo sobre o futuro ou de predições assombrosas. Do começo ao fim, é uma mensagem de esperança: "Não tenhais medo!"

A segunda lição de 13 de maio é a do oferecimento de si mesmo. Nossa Senhora pergunta aos pequenos: *Quereis oferecer-vos...?* Em seus planos de salvação, Deus não conta com empregados ou desconhecidos. O próprio Salvador havia dito a seus discípulos: "Já não vos chamo servos, pois o servo não sabe o que faz o seu senhor... Eu vos chamo amigos, pois vos dei a conhecer os desígnios do meu Pai" (Jo 15,15). Deus conta com amigos, pessoas com as quais possa compartilhar os desígnios e as dores de seu coração de Pai. Além disso, o Senhor não nos pede muitas coisas ou, quem sabe, nosso dinheiro ou uma parte de nosso tempo. Ele nos pede a nós, por inteiro: *Quereis oferecer-vos?* Jesus havia dito, um dia, que o Bom Pastor é aquele que dá a vida por suas ovelhas. Nós, por experiência, sabemos que as ovelhas só têm vida, só estão seguras e fortes se o Pastor dá a vida por elas: foi isso o que Cristo fez por nós! Ora, desde aquela tarde no Calvário, esse deve ser o caminho de todos aqueles com os quais o Senhor compartilha seu coração de pastor. Assim também deve ser conosco: se Deus tem confiado pessoas a você, se o Senhor colocou alguém em sua vida para ser objeto de seus cuidados e atenção, então saiba que, mais do que cumprir tarefas ou dar coisas, sua missão é dar-se, dar a vida, para que essa alma encontre verdadeiramente o caminho da salvação e da paz. Hoje, por exemplo, muitos pais e mães se esforçam por dar de tudo a seus filhos, mas eles próprios não se dão, sua presença, sua vida. Muitos consagrados e consagradas dão à Igreja e a Deus muitas horas de atividade e agitação, mas não se dão, sua decisão indivisa. Desde o Calvário, as ovelhas só têm vida se o pastor dá a vida por elas. Por isso o Senhor conta com pessoas ofertadas, rendidas nas suas mãos. Tais como aqueles pequenos pastorinhos.

Mais uma lição preciosa: tendo aberto seus braços para comunicar-lhes a luz que vinha de Deus, Nossa Senhora levou as crianças a viver uma experiência maravilhosa, talvez jamais vivida por muitos adiantados em idade ou sabedoria humana. *Penetrando-nos a luz no peito, (...) fez-nos ver a nós mesmos em Deus (...) mais claramente que num espelho.* Existe um provérbio que diz: "Somos aquilo que somos aos olhos de Deus." E isto é profundamente verdadeiro. Inundadas pela luz do Céu, as crianças puderam ver a si mesmas. Quando nos deixamos levar pelas aparências ou pelas lentes de nossos julgamentos precipitados, a atenção de nosso olhar volta-se unicamente para as pessoas ao nosso redor; somos muito desatentos em relação a nós mesmos, conhecemo-nos muito pouco, mas temos ótima percepção das limitações e defeitos dos outros. Quando, conduzidos pela luz divina, que é o seu Espírito Santo, olhamos para nós mesmos, nosso coração se enche de arrependimento e reconhecimento da grandeza de Deus, que jamais nos tem abandonado. Ao receberem essa iluminação interior, as crianças caíram prostradas diante da santidade de Deus e diante de sua própria pequenez. Essa maravilhosa graça podemos pedir, também nós, ao Senhor. Que os olhos de nossa alma não estejam de tal maneira distraídos com as fragilidades e limites de nosso próximo que nos tornemos incapazes de receber a luz que nos faz ver a nós mesmos. Ao nos vermos diante de Deus, que possamos reconhecer, com profunda gratidão, que Ele habita no íntimo de nós, ainda quando não lhe rendemos a devida atenção e nos afastamos de sua presença, dispersos por tantos chamados inúteis. Reconhecendo sua grandeza e nossa pequenez, seremos impulsionados, tal como os pastorinhos, à adoração e ao louvor.

Uma última lição deixada por Nossa Senhora em seu primeiro encontro com os pastorinhos: *Rezem o terço todos os dias, para alcançarem a paz...* A paz é fruto da oração; experimentá-la não é algo impossível, mesmo naquelas situações em que precisamos continuar lutando. A paz que vem de Deus não é turvada pelas circunstâncias, mas se mantém no meio delas e nos permite ter clareza para encontrar a direção do Senhor. Maria Santíssima ainda nos indicou uma forma de oração eficaz para alcançar a paz não só para nosso interior, mas também para as nações do mundo: o terço. A promessa de alcançar a paz pela oração do terço não poderia ser apenas retórica. De fato, em 1917 o mundo ainda convulsionava com os acontecimentos da Prmeira Guerra Mundial, e revoluções sacudiam as nações. O convite de Nossa Senhora foi um chamado celestial para uma atitude bem concreta, um passo de fé num momento de grande dor e escuridão sobre a humanidade. Se vivemos em tempo semelhante, quem sabe o remédio dessa oração não seja também indicado para nós?

Em 2004, o papa São João Paulo II ofereceu à Igreja como que um testamento espiritual, no qual revelou o caminho percorrido por ele mesmo no seguimento do Salvador. Na carta apostólica *Rosarium Virgins Mariae* (O Rosário da Virgem Maria), o Santo Padre repetiu uma confidência que fizera vinte e cinco anos antes, ao assumir o ministério petrino: "Minha oração predileta é o Rosário. Oração maravilhosa! Maravilhosa na simplicidade e na profundidade. O Rosário me acompanha nos momentos de alegria e provações. A ele confiei tantas preocupações; nele encontrei sempre conforto." O papa afirmou que, pela oração do Rosário, "o povo cristão frequenta a escola de Maria, para deixar-se introduzir na contemplação da beleza do rosto de Cristo e na experiência da profundidade do seu amor". Recitar o Rosário é "contemplar com Maria o rosto de Cristo". Esse é, para João Paulo II, o primeiro passo no itinerário de um cristão que deseja aprender não somente algumas coisas sobre o Senhor, mas sobretudo a ser como Ele. De fato, Cristo é nosso mestre e modelo em todas as coisas; devemos aprender, na contemplação do seu rosto que vai sendo delineado diante de nosso coração pela meditação dos mistérios do Rosário, a conhecer seus sentimentos, seu modo de ser. Por essa estrada de configurar-se como Jesus Cristo é que deve avançar todo cristão que O acolheu como seu Salvador e Mestre. Para São João Paulo II, o Rosário é um poderoso auxílio para aqueles que querem "aprender Cristo" na escola de Maria.

Além disso, o papa nos ensina que o Rosário é, por natureza:

> Uma oração orientada para a paz, precisamente porque consiste na contemplação de Cristo, Príncipe da paz e Ele mesmo a nossa paz. Igualmente, os frutos de caridade que o Rosário produz nos levam a buscar a paz com nossos semelhantes. Olhar para Cristo em Belém ou no Calvário deveria nos fazer mais sensíveis a todos aqueles que, ao nosso redor, precisam de nossa compaixão e compreensão.

De modo especialíssimo, João Paulo II insiste no Rosário como a "oração da família e pela família". "Família que reza unida permanece unida"; esse infalível provérbio cristão, repetido pelo papa em sua carta, deve ser, ainda nesse nosso tempo tão cheio de distrações que nos afastam uns dos outros, um convite a experimentar o poder de comunhão e perdão que brota da oração feita em comum.

"Ó Rosário bendito de Maria, doce cadeia que nos prende a Deus!" Assim o bem-aventurado Bartolo Longo, fundador do santuário de Nossa Senhora do Rosário de Pompeia, referia-se a esse simples e poderoso instrumento colocado por Deus nas mãos de seus filhos, desde os mais simples aos mais doutos. *Rezem o terço (...) para alcançar a paz*: assim Nossa Senhora nos convida a encontrar na oração a fonte para a serenidade que tanto precisamos dentro de nós e ao nosso redor.

Em Hiroshima, nos anos 1940, vivia um grupo de oito padres jesuítas. Sua residência ficava a menos de um quilômetro de distância do lugar onde cairia a primeira bomba atômica, no dia 6 de agosto de 1945, espalhando morte e devastação ao redor. A explosão matou instantaneamente oitenta mil pessoas, chegando depois a um total aproximado de cento e quarenta mil mortes. Mais de dois terços dos edifícios da cidade ficaram completamente destruídos.

Contudo, a construção onde viviam os oito padres sofreu apenas alguns danos leves. Eles saíram praticamente ilesos dos efeitos da bomba, e nenhum sofreu efeitos da radiação ou lesões graves como consequência. É verdade que um pequeno número de pessoas que se encontrava na área da explosão sobreviveu. Contudo, todos faleceram logo depois de doenças decorrentes da radiação. Em 1976, os oito padres jesuítas ainda viviam. Em uma entrevista, um deles, padre Hubert Schiffer, deu, em nome de todos, a seguinte resposta aos que se perguntavam pelo porquê: "Nós sobrevivemos porque estávamos vivendo a mensagem de Fátima: rezávamos o Rosário diariamente naquela casa."

A melhor parte desse incrível testemunho é que o mesmo poder extraordinário que estava nas mãos daqueles oito sacerdotes está ainda à nossa disposição.

Junho: "Meu coração será teu refúgio"

Chegou o mês de junho, e já algumas pessoas, tendo ouvido as notícias sobre a aparição de maio, se juntaram às crianças para ir à Cova da Iria. A mãe de Lúcia, muito contrariada com o que considerava histórias de crianças, fez de tudo para dissuadir a filha de estar junto com os primos, mas não conseguiu. Por volta do meio-dia, como no mês anterior, a aparição fez-se anunciar por um relâmpago. E, também como da outra vez, foi Lúcia quem deu início à conversa:

— O que vosmecê me quer?

— Quero que venhais aqui no dia 13 do mês que vem, que rezeis o terço todos os dias e que aprendais a ler. Depois direi o que quero.

Lúcia se recorda de ter pedido a cura de um doente, recebendo de Nossa Senhora a promessa de que, caso se convertesse, curar-se-ia durante o ano.

Mais uma vez, a conversa gira em torno do Céu. Lúcia pede que Nossa Senhora os leve para lá; Nossa Senhora afirma que levará, em breve, Jacinta e Francisco. Mas, quanto a Lúcia, deverá permanecer aqui por um tempo. Ela deve realizar uma missão muito especial nos projetos de Deus:

— Jesus quer servir-se de ti para me fazer conhecer e amar. Ele quer estabelecer no mundo a devoção ao meu Imaculado Coração — disse a Santíssima Virgem. — A quem aceitar essa devoção, prometo-lhe a salvação; e essas almas serão amadas de Deus, como flores colocadas por mim para enfeitar o seu trono.

Ao perceber que seu caminho se afastaria daquele reservado por Deus a seus primos, Lúcia se entristeceu e, assustada, perguntou:

— Fico cá sozinha?

A promessa de Nossa Senhora, relembrada pela pastorinha tantas e tantas vezes ao longo da vida, especialmente nos momentos de contrariedade e solidão, foi um clarão em meio a muitas incertezas:

— Não, filha! E tu, sofres muito? Não desanimes! Eu nunca te deixarei. O meu Imaculado Coração será o teu refúgio e o caminho que te conduzirá até Deus.

No momento em que disse essas últimas palavras, Nossa Senhora abriu as mãos e comunicou às crianças, pela segunda vez, o reflexo de uma luz imensa. Nela, os pequenos se viam como que submergidos em Deus. Segundo a lembrança de Lúcia, Francisco e Jacinta pareciam estar na parte da luz que se elevava para o Céu, enquanto ela própria era mergulhada naquela luminosidade que se espargia sobre a Terra. À frente da palma da mão direita de Nossa Senhora, estava um coração cercado de espinhos, que pareciam estar nele cravados. As crianças compreenderam imediatamente que se tratava do Imaculado Coração de Maria, ultrajado pelos pecados da humanidade, e que desejava reparação.

Terminada a aparição, Lúcia foi chamada pelo pároco de Fátima para uma conversa. Foi a primeira aproximação de uma autoridade eclesiástica desejosa de averiguar os fatos. Ouvindo o relato da menina, o padre sugeriu que tudo poderia ser engano do diabo, o que, somado às desconfianças da família, fez com que Lúcia decidisse não comparecer ao encontro de julho.

A devoção ao Imaculado Coração de Maria

Assim como o convite à reparação, o estabelecimento da devoção ao Imaculado Coração de Maria é central na mensagem de Fátima. Nossa Senhora afirma que é desejo de Deus que o seu Coração se torne escola e caminho de salvação para tantos filhos e filhas cujo coração é desfigurado pelo pecado em nossos tempos. A promessa feita a Lúcia se estende, de alguma maneira, a todos os que abraçam a mensagem de Fátima: *Meu Imaculado Coração será o teu refúgio e o caminho que te conduzirá até Deus.*

Claramente, quando falamos do Coração de Maria, não estamos nos referindo em primeiro lugar ao órgão físico. Este, escondido e ao mesmo tempo manifesto em todos os sinais vitais do corpo, é apenas um símbolo de algo maior. Segundo o Catecismo da Igreja Católica, o coração "é a casa em que estou, onde moro (segundo a expressão semítica ou bíblica: aonde eu 'desço'). Ele é o nosso centro escondido, inatingível pela razão e por outra pessoa; só o Espírito de Deus pode sondá-lo e conhecê-lo. Ele é o lugar da decisão, no mais profundo de nossas tendências psíquicas. É o lugar da verdade, onde escolhemos a vida ou a morte. É o lugar do encontro, pois, à imagem de Deus, vivemos em relação; é o lugar da Aliança" (CIC, 2563).

Revelar o coração e seus segredos, portanto, significa compartilhar suas escolhas, abrir as portas desse santuário onde selamos aliança com Deus. Ao abrir os braços aos pastorinhos e mostrar-lhes seu Imaculado Coração, Nossa Senhora estava convidando não somente eles, mas todo o mundo a conhecer as riquezas que habitam no seu íntimo, onde somente Deus reinou sempre.

A Escritura nos desvenda, em poucas passagens, um pouco da maneira como bate o Coração de Maria, que São Gregório Taumaturgo chamou de "vaso onde Deus derramou todos os mistérios". Em Lucas 2,19, lemos que "Maria conservava todas essas palavras, meditando-as no seu coração". Também em Lucas 2,51, diz a Escritura que "sua mãe guardava todas essas coisas no seu coração". Tanto uma passagem quanto a outra se referem a acontecimentos da infância de Jesus que, certamente, ficaram guardados na memória de sua mãe. Talvez, na própria ocasião em que aconteceram, esses fatos não tenham sido plenamente compreendidos pela Virgem. Contudo, ela nada perdia do que Deus estava lhe concedendo. Além de um coração "à escuta", que se inclinava para ouvir a voz de Deus, Maria possuía um coração capaz de reter e meditar sobre o que o Senhor estava fazendo em sua vida. Infelizmente, muitas vezes escolhemos reter dentro de nós aquilo que deveria ser deixado para trás. Esquecemos tão facilmente do bem que Deus nos faz e guardamos, tão ciosos, as palavras e os gestos de outras pessoas que, porventura, tenham nos desagradado ou ofendido. Nosso coração, alimentando-se de ressentimento, torna-se doente. Contudo, podemos aprender com Nossa Senhora a alimentar nosso coração com aquilo que realmente vale a pena. Um dia, o profeta Jeremias havia dito: "Quero trazer à memória aquilo que me dá esperança" (Lm 3,21).

Maria e todos aqueles que têm o coração cheio de gratidão sabem que, ao olharmos para trás, vamos encontrar muitos motivos para louvar a Deus por sua presença ao nosso lado. A lembrança das lutas que enfrentamos e superamos com a ajuda do Senhor nos faz recobrar o ânimo para novas batalhas. Vale a pena lembrar daquilo que nos ajuda a ir adiante, daquilo que nos faz esperar o sustento que vem de Deus.

Além disso, as passagens do Evangelho de Lucas que acabamos de ler nos ensinam a julgar com maior ponderação os fatos de nossa vida. Diante de coisas que pareciam ultrapassar seu entendimento, Nossa Senhora tudo guardava; aos poucos, sua compreensão crescia, e então as coisas começavam a fazer sentido. Infelizmente, vivemos em dias de grande agitação e acabamos nos tornando pessoas precipitadas. Somos apressados em emitir nossas opiniões; abandonamos muito rapidamente um caminho quando nele encontramos uma cruz; não refletimos ou meditamos sobre o que nos acontece, de modo que vivemos mil experiências e não aprendemos a agir de um modo melhor. Não damos tempo para que as sementes da obra de Deus amadureçam e comecem a dar frutos. O coração de Maria, tão capaz de recolhimento e ponderação, nos ensina um novo jeito de ser; com ela descobrimos a importância de "ruminar" as coisas que vivemos para, com um julgamento mais profundo, reconhecer a mão de Deus que vai guiando nossas vidas em meio a todas as circunstâncias.

Outra passagem do evangelho de Lucas manifesta a característica mais intensa do coração de Maria. Quarenta dias após o nascimento de Jesus, indo ao templo com José para apresentar o Menino e cumprir os preceitos da Lei, Maria ouviu a profecia do velho Simeão, cuja grande esperança mantinha de pé: "Eis que este menino está destinado a ser uma causa de queda e de soerguimento para muitos homens em Israel, e a ser um sinal que provocará contradições, a fim de serem revelados os pensamentos de muitos corações. Quanto a ti, uma espada de dor te transpassará a alma" (Lc 2, 34-35).

O coração de Maria é aquele que mais intimamente está unido ao coração de Jesus. Mais do que por laços de carne, o próprio Salvador nos indica o que tanto os uniu e continua a unir: "Todo aquele que faz a vontade de meu Pai que está nos Céus, esse é meu irmão, minha irmã e minha mãe" (Mt 12,50), e ainda: "Minha mãe e meus irmãos são estes, que ouvem a Palavra de Deus e a põem em prática" (Lc 8,21). O coração de Jesus era faminto e se alimentava de fazer a vontade do Pai; e assim era também, mais do que qualquer outro, o coração de Maria. De tal maneira que, segundo alguns autores, a "espada" que segundo Simeão atravessaria sua alma é, antes que qualquer espécie de sofrimento, a própria Palavra de Deus, "mais penetrante que uma espada de dois gumes e que atinge até a divisão da alma e do corpo, das juntas e medulas, e discerne os pensamentos e intenções do coração" (Hb 4,12). A Palavra, expressão do querer do Senhor, fez de Maria uma virgem fecunda: "Eis aqui a serva do Senhor, faça-se em mim segundo a tua palavra"; essa mesma Palavra se encarnou em seu ventre: "E o Verbo de Deus se fez carne e habitou entre nós." A Palavra de Deus, portanto, cresceu no coração e no seio de Maria, de tal modo que toda a sua vida transcorreu em íntima união com o querer de Deus. Segundo o papa Bento XVI, "o Espírito Santo, que fez presente o Filho de Deus na carne de Maria, dilatou seu coração às dimensões do de Deus e a impulsionou pelo caminho da caridade". Que maravilhosa obra divina no coração da Virgem Mãe: desde a Anunciação, seu coração foi sendo mais e mais dilatado; seu *sim*, dito em Nazaré, foi se alargando sempre mais para corresponder ao chamado e à vontade perfeita de Deus. E de tal maneira a Virgem se deixou moldar pela divina vontade que, aos pés da cruz, no *sim* derradeiro de Jesus, ela própria viu o seu *sim* alargado ao extremo, para que nele coubéssemos todos nós. Por isso, diz São João Paulo II, "o coração de Maria palpita na direção de todos aqueles que Cristo abraçou e abraça continuamente com seu inexaurível amor".

O Imaculado Coração é, portanto, o coração novo, prometido por Deus para aqueles que vivem em Jesus uma "nova e eterna aliança": "Eu vos darei um coração novo e em vós porei um espírito novo; tirarei do vosso peito o coração de pedra e vos darei um coração de carne. Dentro de vós colocarei meu espírito, fazendo com que obedeçais às minhas leis e sigais e observeis os meus preceitos" (Ez 36,26s). É esse coração que os pastorinhos veem na mão de Maria, como que se dando de presente a nós, que tantas vezes sentimos um vazio dentro do peito. Inscrever-se entre aqueles que desejam ser ensinados pela via do Imaculado Coração significa permitir que o Espírito Santo alargue também as nossas medidas, muitas vezes usando como instrumento a rude cruz de cada dia. Significa disciplinar-se na arte da ponderação e da meditação, a fim de perscrutar os desígnios de Deus que se escondem onde nossa agitação e nossa pressa não são capazes de reconhecê-los; significa unir-se a Cristo por aquele laço mais estreito e mais perfeito que pode existir: a fome de realizar a vontade do Pai, que se manifesta a nós quando inclinamos nosso coração em obediência à sua Palavra. Essa foi a promessa de Nossa Senhora a Lúcia e pode ser também sua promessa para si mesmo: *O meu Imaculado Coração será o teu refúgio e o caminho que te conduzirá até Deus.*

Julho: o segredo

Por causa da dúvida lançada pelo pároco em seu coração e da dureza com que a família vinha lhe tratando nos últimos tempos, Lúcia havia decidido não comparecer à aparição do mês de julho. O pequeno Francisco, penalizado com a decisão da prima, disse-lhe:

— Deus já está tão triste com tantos pecados, e agora, se tu não vais, vai ficar ainda mais triste. Estou pensando em Deus que está tão triste por causa de tantos pecados. Se eu fosse capaz de proporcionar-lhe alegria...!

Contudo, à medida que se aproximava o momento do encontro, Lúcia experimentou um irresistível impulso interior que a fez buscar os primos e correr em direção à Cova da Iria.

Ao chegarem, as crianças começaram a rezar o terço com as pessoas que já se encontravam presentes, à sua espera. De repente, como das outras vezes, viram o reflexo de uma luz, parecida com um relâmpago, e Nossa Senhora sobre uma azinheira. A conversa teve início como de costume, com Lúcia perguntando o que a Senhora queria. A resposta, também dessa vez, apelou para a perseverança das crianças:

— Quero que venham aqui no dia 13 do mês que vem, que continuem a rezar o terço todos os dias, em honra de Nossa Senhora do Rosário, para obter a paz no mundo e o fim da guerra, porque só Ela lhes poderá valer.

Lúcia pediu então que a Senhora dissesse quem era e que fizesse um milagre para que todos acreditassem na aparição. Após insistir em que deveriam continuar indo à Cova da Iria todos os meses, Nossa Senhora prometeu que, em outubro, revelaria quem era e faria um milagre para que todos acreditassem.

Após Lúcia fazer mais uns pedidos pela cura de alguns enfermos e Nossa Senhora lhe responder que deveriam continuar rezando o terço para que fossem curados ao longo do ano, a Mãe de Deus lhes disse:

— Sacrificai-vos pelos pecadores e dizei muitas vezes, em especial sempre que fizerdes algum sacrifício: "Ó Jesus, é por Vosso amor, pela conversão dos pecadores e em reparação pelos pecados cometidos contra o Imaculado Coração de Maria". — Estando alguns padres presentes nessa aparição, e explicando posteriormente às crianças quem era o "Santo Padre" e a necessidade de rezar por suas intenções, as crianças somaram nessa oração, por iniciativa de Jacinta, o oferecimento "e pelo Santo Padre".

Ao dizer essas últimas palavras, Nossa Senhora abriu as mãos, como nos dois meses passados. Contudo, dessa vez, algo diferente aconteceu. As crianças receberam da parte de Deus a revelação daquilo que comumente se chamou de "o segredo". Este consta de três partes, a última das quais foi revelada pelo papa São João Paulo II no ano 2000. Nada melhor do que darmos voz à própria Lúcia, que nos deixou por escrito em suas memórias aquilo de que foi testemunha.

Primeira parte do segredo: a visão do Inferno

O reflexo pareceu penetrar a terra e vimos como que um mar de fogo. Mergulhados nesse fogo, os demônios e as almas, como se fossem brasas transparentes e negras ou bronzeadas, com forma humana, que flutuavam no incêndio, levadas pelas chamas que delas mesmas saíam juntamente com nuvens de fumo, caindo para todos os lados, semelhante ao cair das fagulhas nos grandes incêndios, sem peso nem equilíbrio, entre gritos e gemidos de dor e desespero que horrorizavam e faziam estremecer de pavor (deveu ser ao deparar-me com esta vista que dei esse ai! que dizem ter-me ouvido). Os demônios distinguiam-se por formas horríveis e asquerosas de animais espantosos e desconhecidos, mas transparentes como negros carvões em brasa. Assustados e como que a pedir socorro, levantamos a vista para Nossa Senhora que nos disse, com bondade e tristeza:

— Vistes o inferno, para onde vão as almas dos pobres pecadores; para as salvar, Deus quer estabelecer no mundo a devoção a Meu Imaculado Coração. Se fizerem o que Eu vos disser, salvar-se-ão muitas almas e terão paz. A guerra vai acabar. Mas, se não deixarem de ofender a Deus, no reinado de Pio XI começará outra pior. Quando virdes uma noite alumiada por uma luz desconhecida,[1] sabei que é o grande sinal que Deus vos dá de que vai punir o mundo de seus crimes, por meio da guerra, da fome e de perseguições à Igreja e ao Santo Padre.

---

1 De fato, na noite de 25 de janeiro de 1938, foi observado no céu de numerosos países europeus um fenômeno semelhante ao da "aurora boreal", mas com características muito diversas. Primeiro, porque pôde ser visto desde a Noruega até Portugal e desde a Bélgica até a Hungria. Depois, porque sua duração foi de nove da noite às duas horas da madrugada. Diversos jornais europeus noticiaram o evento no dia seguinte, afirmando que havia causado pânico em diversos lugares (como na Alemanha e na Suíça) devido à intensidade do vermelho que se formara no céu. A irmã Lúcia, nessa ocasião, estava em Tuy, na Espanha, e fez imediata relação com a profecia de Nossa Senhora.

Segunda parte do segredo: a devoção ao Imaculado Coração de Maria

— Para a impedir, virei pedir a consagração da Rússia a meu Imaculado Coração e a comunhão reparadora nos primeiros sábados. Se atenderem a meus pedidos, a Rússia se converterá e terão paz; se não, espalhará seus erros pelo mundo, promovendo guerras e perseguições à Igreja. Os bons serão martirizados, o Santo Padre terá muito que sofrer, várias nações serão aniquiladas. Por fim, o meu Imaculado Coração triunfará. O Santo Padre consagrar-me-á a Rússia, que se converterá, e será concedido ao mundo algum tempo de paz. Em Portugal se conservará sempre o dogma da Fé.

Terceira parte do segredo: convite à penitência

Vimos do lado esquerdo de Nossa Senhora, um pouco mais alto, um anjo com uma espada de fogo na mão esquerda; ao cintilar, despedia chamas que parecia iam incendiar o mundo; mas apagavam-se ao contato do brilho que da mão direita Nossa Senhora expedia ao seu encontro. O anjo, apontando com a mão direita para a Terra, com voz forte disse: "Penitência, penitência, penitência!" E vimos numa luz imensa que é Deus: algo semelhante a como se veem as pessoas num espelho quando lhe passam por diante, um bispo vestido de branco, e tivemos o pressentimento de que era o Santo Padre.

Vários outros bispos, sacerdotes, religiosos e religiosas a subir uma escabrosa montanha, no cimo da qual estava uma grande Cruz de troncos toscos como se fora de sobreiro com a casca; o Santo Padre, antes de chegar aí, atravessou uma cidade meia em ruínas, e meio trêmulo com andar vacilante, acabrunhado de dor e de pena, ia orando pelas almas dos cadáveres que encontrava pelo caminho; chegado ao cimo do monte, prostrado de joelhos aos pés da grande Cruz foi morto por um grupo de soldados que lhe dispararam vários tiros e setas, e assim mesmo foram morrendo uns trás outros os bispos, sacerdotes, religiosos e religiosas e várias pessoas seculares, cavalheiros e senhoras de várias classes e posições. Sob os dois braços da Cruz estavam dois anjos, cada um com um regador de cristal na mão, neles recolhiam o sangue dos mártires e com ele regavam as almas que se aproximavam de Deus.

Nossa Senhora então recomendou que a visão que constituía a terceira parte do segredo não fosse revelada a ninguém. Tudo o que as meninas tinham ouvido poderiam contar ao Francisco. E então continuou:

— *Quando rezais o terço, dizei, depois de cada mistério: "Ó meu Jesus, perdoai-nos, livrai-nos do fogo do Inferno; levai as almas todas para o Céu, principalmente aquelas que mais precisarem."*

Após despedirem-se, Nossa Senhora começou a elevar--se em direção ao Nascente até desaparecer na imensa distância do firmamento.

As lições de julho

Na aparição de julho, Nossa Senhora ensinou às crianças algo bastante prático a respeito da reparação e do sofrimento. A própria Lúcia diz que, a partir daquele dia, muitas vezes ao longo de sua vida as palavras ensinadas por Maria Santíssima foram seu único recurso diante da dor: *Ó Jesus, é por Vosso amor, pela conversão dos pecadores e em reparação pelos pecados cometidos contra o Imaculado Coração de Maria!*

Nossa Senhora pediu que os pastorinhos repetissem essas palavras, especialmente quando tivessem de fazer algum sacrifício. Já vimos que a própria Lúcia, inspirada pelo Senhor, reconheceu que a grande fonte de sacrifícios na qual sempre devemos nos mergulhar é a fidelidade ao chamado que Deus nos faz nas árduas tarefas do dia a dia. Repetir as palavras ensinadas por Maria não faz com que, num passe de mágica, o sofrimento e a contrariedade deixem de nos ferir. Mas tais palavras consagram nosso sofrimento e as agruras da vida, agora abraçadas com generosidade e confiança por amor ao Senhor. Uma cruz acolhida com espírito de fé e ofertada em imolação no altar do coração também fere, mas jamais rouba a paz. Esse é o segredo que descobre uma pessoa que tudo faz com espírito rendido a Deus e tudo transforma em oportunidade de reparação: "A paz de Deus, que supera todo entendimento, guarda sua mente e seu coração" (Fl 4,7). Para aquele que está disposto a unir seu coração à vontade divina, ou seja, para aquele que caminha com os olhos atentos no céu e na sua santificação, nada se perde, tudo se torna matéria-prima, especialmente a cruz de cada dia.

A aparição de julho também ficou marcada pela revelação do que se convencionou chamar de "O Segredo de Fátima". As duas primeiras partes do segredo foram colocadas por escrito pela irmã Lúcia, em obediência ao então bispo de Leiria, no ano de 1941, e já eram há muito conhecidas. Referem-se à visão do Inferno e ao estabelecimento da devoção ao Imaculado Coração de Maria. A terceira parte, firmada por escrito em 1944, foi revelada por desejo do papa São João Paulo II em 26 de junho de 2000. No dia 13 desse ano, por ocasião da beatificação de Jacinta e Francisco, o cardeal Angelo Sodano apresentou aos fiéis, no Santuário de Fátima, a decisão do Santo Padre de revelar o segredo juntamente com uma nota interpretativa, feita pelo então cardeal Joseph Ratzinger (futuro Bento XVI). Desde então, não há mais motivo para conjecturas ou alarmismos em torno do tema.

É verdade que a terceira parte do segredo esteve envolta em mistério e foi objeto de muitas especulações ao longo de quase oitenta anos. Irmã Lúcia sempre afirmava que, se todos dessem ouvidos aos pedidos de Nossa Senhora expressos nas mensagens que já haviam sido reveladas, não haveria muito o que acrescentar com o conhecimento da última parte do segredo. Vale a pena, somente, recordar o itinerário feito pela carta na qual Lúcia, em 1944, transcreveu aquilo que tinha sido visto em 13 de julho de 1917. O texto do segredo foi escrito em obediência ao bispo de Leiria, receoso de que uma enfermidade que tinha se abatido sobre a vidente pudesse levá-la à morte sem que o conteúdo da mensagem permanecesse íntegro. Lúcia teve escrúpulos em cumprir essa tarefa, apesar de sua costumeira confiança na virtude da obediência; afinal, havia sido dada uma ordem do Céu para que o segredo não fosse revelado a ninguém.

Contudo, na tarde do dia 3 de janeiro de 1944, enquanto apresentava ao Senhor sua preocupação acerca desses pontos na capela do convento de Tuy, Lúcia sentiu "uma mão amiga, carinhosa e maternal" tocar o seu ombro. Levantando o olhar, viu a Mãe de Deus, que lhe disse:

— Não tenhas medo. Quis Deus provar a tua obediência, fé e humildade; está em paz e escreve o que te mandam, não porém o que te é dado a entender do seu significado. Depois de escrito, encerra-o em um envelope, fecha-o e lacra-o e escreve por fora que só pode ser aberto em 1960, pelo senhor patriarca de Lisboa ou pelo bispo de Leiria.

Então, Lúcia diz que sentiu seu espírito inundado por um mistério de luz que é Deus e nele viu e ouviu "a ponta de uma lança como chama que se desprende, toca o eixo da

Terra. — Ela estremece: montanhas, cidades, vilas e aldeias com os seus moradores são sepultados. O mar, os rios e as nuvens saem de seus limites, transbordam, inundam e arrastam consigo, num redemoinho, moradias e gente em número que não se pode contar; é a purificação do mundo pelo pecado em que se mergulha. O ódio e a ambição provocam a guerra destruidora! Depois senti no palpitar acelerado do coração e no meu espírito o eco duma voz suave que dizia: 'No tempo, uma só fé, um só batismo, uma só Igreja, una, santa, católica, apostólica. Na eternidade, o Céu!' Esta palavra — Céu — encheu a minha alma de paz e felicidade, de tal forma que, quase sem me dar conta, fiquei repetindo por muito tempo: o Céu! O Céu!" Passada apenas a maior força desse evento sobrenatural, Lúcia foi escrever o segredo, de joelhos, sem maior dificuldade.

Até o ano de 1957, o envelope com o texto ficou sob a tutela do bispo de Leiria. Nesse ano, para maior segurança, ele foi entregue ao arquivo secreto do Santo Ofício (atual Congregação para a Doutrina da Fé). Em 17 de agosto de 1959, São João XXIII pediu para ver o documento e o devolveu ao arquivo. O mesmo fez o beato Paulo VI no dia 27 de março de 1965.

Em 13 de maio de 1981, o papa São João Paulo II sofreu um atentado na praça de São Pedro, sendo alvejado por uma bala e ficando, por um tempo, entre a vida e a morte. Enquanto ainda convalescia no hospital, pediu para ver o envelope com o segredo, o que de fato só aconteceu em 18 de julho de 1981. O papa decidiu não publicar o que havia sido lido, mas compreendeu imediatamente a relação entre a mensagem do segredo e os acontecimentos que o tocaram pessoalmente naqueles dias. De tal modo isso é verdade que, visitando o Santuário de Fátima em 13 de maio de 1982, a fim de agradecer a Nossa Senhora pelo seu restabelecimento, o Santo Padre ofereceu ao bispo de Leiria-Fátima a bala que o atingira e que havia sido recolhida no papamóvel. O projétil, posteriormente, foi encravado na coroa da imagem de Nossa Senhora que se encontra na Capelinha das Aparições. Além disso, o papa deixou, aos pés da imagem da Virgem, o seu anel episcopal, que havia recebido de presente do antigo primaz da Polônia, o cardeal Stefan Wyszynski, grande confessor da fé durante o regime comunista. Em sua homilia, o papa atestou:

> Venho hoje, aqui, porque exatamente nesse mesmo dia do mês, no ano passado, dava-se, na Praça de São Pedro, em Roma, o atentado à vida do Papa, que misteriosamente coincidia com o aniversário da primeira aparição em Fátima, a qual se verificou em 13 de maio de 1917. Estas datas encontraram-se entre si de tal maneira, que me pareceu reconhecer nisso um chamamento especial para vir aqui. E eis que hoje aqui estou. Vim para agradecer à Divina Providência, neste lugar que a Mãe de Deus parece ter escolhido de modo tão particular.

Como entender o segredo?

Quando a terceira parte do segredo foi revelada, o então cardeal Joseph Ratzinger ofereceu à Igreja um texto no qual apresentava uma justa maneira de interpretar a visão dos pastorinhos. O essencial dessa interpretação foi apresentado à irmã Lúcia, que afirmou estar concorde com as impressões ali registradas.

Antes de se deter sobre a parte revelada, o então cardeal teceu um pequeno comentário à visão do Inferno e ao estabelecimento da devoção ao Imaculado Coração de Maria. Ele recordou que o motivo pelo qual Nossa Senhora fez as crianças passarem por uma experiência tão intensa foi "a salvação das almas". O desejo de Deus era oferecer a um mundo onde tantos se perdem um caminho de salvação. Esse caminho, por sua vez, é a devoção ao Imaculado Coração de Maria. Segundo o cardeal:

> O termo "coração", na linguagem da Bíblia, significa o centro da existência humana, uma confluência da razão, vontade, temperamento e sensibilidade, onde a pessoa encontra a sua unidade e orientação interior. O "Coração Imaculado" é, segundo o Evangelho de Mateus (Mt 5,8), um coração que a partir de Deus chegou a uma perfeita unidade interior e, consequentemente, "vê a Deus". Portanto, devoção ao Imaculado Coração de Maria é aproximar-se desta atitude do coração, na qual o *fiat* — "seja feita a vossa vontade" — se torna o centro conformador de toda a existência. Se porventura

alguém objetasse que não se deve interpor um ser humano entre nós e Cristo, lembre-se de que Paulo não tem medo de dizer às suas comunidades: "Imitai-me" (cf. 1Cor 4,16; Fl 3,17; 1Ts 1,6; 2Ts 3,7.9). No Apóstolo, elas podem verificar concretamente o que significa seguir Cristo. Mas, com quem podemos nós aprender sempre melhor do que com a Mãe do Senhor?

O comentário então se volta para a terceira parte do segredo. Se, nas duas primeiras, a expressão-chave era "salvar as almas", agora a palavra-chave é o tríplice grito do anjo: *Penitência, penitência, penitência!* Se voltarmos nossos olhos para a Sagrada Escritura, veremos que é esse mesmo grito que sai dos lábios de Jesus após trinta anos de preparação para sua vida pública: "Depois que João foi preso, Jesus dirigiu-se para a Galileia. Pregava o Evangelho de Deus, e dizia: 'Completou-se o tempo e o Reino de Deus está próximo; fazei penitência e crede no Evangelho.'" (Mc 1,14s). Segundo o Catecismo da Igreja Católica, qualquer atitude exterior de penitência só tem significado quando é a expressão da conversão do coração, ou seja, de uma penitência interior. Esta, por sua vez, significa "uma reorientação radical de toda a vida, um retorno, uma conversão para Deus de todo o nosso coração, uma ruptura com o pecado, uma aversão ao mal e repugnância às más obras que cometemos. Ao mesmo tempo, é o desejo e a resolução de mudar de vida com a esperança da misericórdia divina e a confiança na ajuda da sua graça. Esta conversão do coração vem acompanhada de uma dor e uma tristeza salutares, chamadas pelos Padres de aflição do espírito, arrependimento do coração" (CIC, 1431).

Num mundo que tem se afastado cada vez mais de Deus, o convite da mensagem de Fátima é como que a sinalização de um caminho de retorno. A solução de Deus para nossa vida não se reduz a um simples remendo, mas é uma mudança profunda que se dá ao rumo do coração. Se temos procurado a nós mesmos em cada coisa que fazemos, em nossas escolhas, agora é tempo de procurar a Deus, buscarmos o *seu* reinado sobre nossa vida. Só então depomos as vestes esfarrapadas com as quais tentamos nos cobrir (nossas justificativas, nossa autopiedade, nossa vontade própria) e nos revestimos de Cristo, que nos ensina a viver uma vida nova segundo o coração do Pai. Essa é a penitência à qual somos chamados.

A terceira parte do segredo apela para a possibilidade de um juízo divino sobre o mundo. Recordando a visão do anjo com a espada de fogo à esquerda de Nossa Senhora, o cardeal Ratzinger lembra que "a possibilidade de que o mundo acabe reduzido a cinzas num mar de chamas hoje já não aparece de forma alguma como pura fantasia: o próprio homem preparou, com suas invenções, a espada de fogo". Contudo, ao contrário do que muitos poderiam pensar, a mensagem de Fátima não encerra um vaticínio sobre o futuro dos homens, senão aponta para os diversos caminhos os quais podemos seguir; diversas vezes aparece no texto a partícula condicional "se". Assim como um dia o Senhor falou ao seu povo de Israel, agora Ele se dirige a todos os povos e nações da Terra: "Ponho diante de ti a vida e a morte, a bênção e a maldição. Escolhe, pois, a vida para que vivas com tua descendência, amando o Senhor, teu Deus, obedecendo à sua voz e permanecendo unido a Ele" (Dt 30,19-20). O propósito divino ao pintar tal quadro diante dos pastorinhos, e agora também diante de nós, é incitar o coração do homem a uma escolha, a um posicionamento, diante dos rumos que a história vai tomando.

O caminho da história é descrito na visão dos pastores por meio de três figuras: a montanha íngreme; uma grande cidade meio em ruínas e, finalmente, uma grande cruz de troncos toscos. As três imagens falam do drama da história humana, que é, ao mesmo tempo, uma subida, o palco de uma convivência tantas vezes destrutiva e uma promessa de salvação, quando Deus transforma a destruição em recomeço. Em meio a essas figuras, surge a Igreja, representada pelo "bispo vestido de branco" que vai à frente de sacerdotes, religiosos e fiéis de todas as condições. Todos passam por perigos, e muitos sucumbem em meio às ruínas. O caminho da Igreja é, assim, descrito como uma Via-sacra de perseguições e martírio. Tal é o retrato de todo o século XX e das tantas perseguições sofridas pela Igreja em regimes totalitários. Já em 1982, a irmã Lúcia havia dito que "a terceira parte do segredo refere-se às palavras de Nossa Senhora: *Se não, a Rússia espalhará os seus erros pelo mundo, promovendo guerras e perseguições à Igreja. Os bons serão martirizados, o Santo Padre terá muito que sofrer, várias nações serão aniquiladas.* Portanto, a visão que constitui a terceira parte do segredo refere-se, mais imediatamente, aos episódios desencadeados pela Revolução Comunista na Rússia e suas consequências para a Igreja. Não é de espantar que, tendo pedido o texto do segredo logo após o atentado de 1981, o papa São João Paulo II tenha lá identificado a si mesmo. De fato, em 27 de dezembro de 1983, ele se encontrou com o autor do atentado, Ali Agca, na prisão de Rebibbia, em Roma. O terrorista confidenciou ao papa que havia disparado para matar e que era um excelente atirador. Por fim, perguntou ao Santo Padre: "Quem é Fátima para você?" Mais de uma vez, a partir de então, João Paulo II afirmou que, "se uma mão disparou o tiro que poderia ter sido fatal, uma outra mão materna guiou a trajetória da bala".

A última parte do segredo termina com uma imagem de esperança. O sangue daqueles que foram martirizados é recolhido pelos anjos e rega as almas. Isso significa que o sacrifício de tantos está agora unido à entrega da vida do próprio Jesus e torna-se fonte de vida e de bênção para muitos. Nenhum sofrimento é vão; essa Igreja sofredora, mártir, é sinal de Deus para os homens. Do sofrimento dessas testemunhas deriva uma força de purificação e de renovação, porque é a atualização do próprio sofrimento de Cristo e transmite ao tempo presente a sua eficácia salvífica. Nas palavras de Tertuliano, escritor cristão do século II: "O sangue dos mártires é semente de novos cristãos."

Ao final de seu comentário, o cardeal Ratzinger recorda uma frase do segredo que, por justo motivo, tornou-se famosa. Trata-se da promessa de Nossa Senhora: *Por fim, o meu Imaculado Coração triunfará*. Ela significa que:

> Este Coração aberto a Deus, purificado pela contemplação de Deus, é mais forte que as pistolas ou outras armas de qualquer espécie. O "sim" de Maria, a palavra do seu Coração, mudou a história do mundo, porque introduziu neste mundo o Salvador. Graças àquele "sim", Deus pôde fazer-se homem no nosso meio e deste modo permanece para sempre. Que o maligno tem poder neste mundo, vemo-lo e experimentamo-lo continuamente; tem poder porque a nossa liberdade se deixa continuamente desviar de Deus. Mas, desde que Deus passou a ter um coração humano e desse modo orientou a liberdade do homem para o bem, para Deus, a liberdade para o mal deixou de ter a última palavra. O que vale desde então está expresso nesta frase: "No mundo tereis aflições, mas tende confiança! Eu venci o mundo" (Jo 16,33). A mensagem de Fátima convida a confiar nessa promessa.

Agosto: mais provações

O mês de agosto foi especialmente conturbado para os pastorinhos. No dia 10, Lúcia foi interrogada pelo administrador da região de Vila Nova de Ourém. Nesse tempo, o governo português era especialmente anticlerical e achava que as aparições poderiam ser um embuste para reafirmar a autoridade da Igreja. Tendo chegado o dia 13, o mesmo administrador dirigiu-se à casa da família Marto, manifestando o desejo de falar com as três crianças. Os pais pediram então que o interrogatório fosse feito na residência do pároco de Fátima. Como não conseguiu arrancar das crianças o conteúdo do segredo, o administrador ofereceu-se para levá-las de carro à Cova da Iria, visto que já se aproximava a hora da aparição. Depois de alguma resistência dos familiares, as crianças entraram no carro que, contudo, não tomou a direção prometida, mas sim a de Vila Nova de Ourém.

Chegando à sede do conselho, o administrador ameaçou as crianças de serem jogadas no azeite fervente caso não contassem o conteúdo do segredo. Os pequenos se mostraram especialmente corajosos ao serem separados uns dos outros e pensarem que, realmente, estavam sendo levados à caldeira. Contudo, não tendo sido demovidos do silêncio, foram levados a passar a noite na casa do administrador e ficaram sob os cuidados de sua esposa.

No dia 14, as crianças foram levadas para a cadeia onde estavam os presos adultos. Sensibilizados especialmente pela pequena Jacinta, rezaram o terço com as crianças e, tendo um deles uma harmônica, cantaram e dançaram para distraí-las. Mais uma noite na casa do administrador e os pequenos foram deixados à porta da igreja de Fátima no dia 15.

No dia 13 de agosto, à hora da aparição, calcula-se que entre 15 e 18 mil pessoas aguardavam na Cova da Iria.

Muitos vinham das aldeias vizinhas, andando quilômetros com seus doentes para apresentá-los à Mãe de Deus. Não é preciso dizer que a ausência das crianças causou surpresa e decepção entre os presentes. Contudo, à hora prevista para a aparição, as pessoas foram agraciadas com os sinais da presença de Nossa Senhora: o relâmpago que anunciava sua chegada, a brisa sobre a azinheira, já marcada por um arco de madeira e flores. Mesmo sem as crianças, Nossa Senhora não quis decepcionar aqueles que haviam se prontificado a comparecer ao encontro daquele mês. Ainda que, por motivos alheios à sua vontade, os pastorinhos não tenham podido estar ali, a Mãe de Jesus tinha assumido um compromisso de estar na Cova da Iria todo dia 13, de maio a outubro, e jamais faltaria com sua palavra.

No domingo seguinte, dia 19, Lúcia levou as ovelhas para pastar com Francisco e seu irmão João, num lugar mais próximo de casa, chamado Valinhos. Por volta das quatro horas da tarde, Lúcia percebeu as alterações atmosféricas que costumavam preceder as aparições na Cova da Iria: uma ligeira e súbita queda da temperatura; um embotar-se da luz do sol e o brilho do relâmpago. Sentindo também aquele impulso interior que significava que Nossa Senhora iria se apresentar, Lúcia pediu que o pequeno João corresse para chamar a Jacinta. Logo que ela chegou, novo relâmpago, e Nossa Senhora apareceu às crianças. Como de costume, Lúcia pergunta à Senhora o que ela deseja; a resposta, semelhante aos outros meses foi:

— Quero que continueis a ir à Cova da Iria no dia 13, que continueis a rezar o terço todos os dias. No último mês farei o milagre, para que todos acreditem.

Durante aqueles meses, algumas pessoas tinham deixado na Cova da Iria uma certa soma de dinheiro para alguma necessidade que se apresentasse no lugar. Apesar de algumas sugestões, a senhora que havia se tornado informalmente a zeladora do local não sabia que fim dar às contribuições. Lúcia então perguntou a Nossa Senhora qual finalidade deveria ser dada ao dinheiro. A resposta de Maria foi tão singela quanto a pergunta:

— Façam dois andores: um, leva-o tu com a Jacinta e mais duas meninas vestidas de branco; o outro, que o leve o Francisco com mais três meninas. O dinheiro dos andores é para a festa de Nossa Senhora do Rosário e o que sobrar é para a ajuda duma capela que hão de mandar fazer.

Como de outras vezes, Lúcia pediu a cura de alguns doentes; Nossa Senhora respondeu que alguns ficariam curados durante o ano. Então, assumindo um aspecto triste, ela pediu:

— Rezai, rezai muito e fazei sacrifícios pelos pecadores, que vão muitas almas para o inferno por não haver quem se sacrifique e peça por elas.

Ao terminar a aparição, os pequenos cortaram alguns ramos da azinheira nos quais Nossa Senhora havia pousado os pés. Ao passarem perto da casa de Lúcia, Jacinta, transbordando de alegria, grita para a tia Maria Rosa que haviam visto novamente Nossa Senhora nos Valinhos.

A tia, que não conseguia acreditar no testemunho das crianças, repreende a menina: "Estais sempre a ver Nossa Senhora. Sois é uns grandes mentirosos!" Jacinta, cheia de entusiasmo, não se deixa vencer e mostra os ramos que trazia consigo. A tia os quis ver, e ficou surpreendida com o maravilhoso perfume que os ramos exalavam. Sem ter o que dizer, deixou partir a criança, que entregou os ramos ao pai. O senhor Marto guardou esses mesmos ramos durante muitos anos, debaixo do colchão, até que um dia os entregou ao padre responsável pela causa de beatificação dos filhos.

Colaboradores de Deus

A última obra escrita pela irmã Lúcia foi chamada de *Apelos da mensagem de Fátima*. Neste livro, a pastorinha, agora já uma veneranda religiosa carmelita, desejou compendiar a sua compreensão da mensagem naquilo que considerou serem vinte apelos ou convites da parte de Deus. No capítulo referente à aparição de agosto, nos Valinhos, Lúcia chamou a atenção para o "Apelo ao Apostolado". Deus nos considera colaboradores seus na obra da salvação dos homens; Nossa Senhora nos ensinou que nossa negligência em amar e servir pode se tornar causa de perdição para muitos: *Rezai, rezai muito e fazei sacrifícios pelos pecadores, que vão muitas almas para o inferno por não haver quem se sacrifique e peça por elas.*

A irmã Lúcia nos recorda que há três tipos básicos de apostolado, ou seja, três maneiras pelas quais nossas atitudes cooperam com o agir soberano de Deus para alcançar seus filhos:

1. *O apostolado da oração*. Nossa união com as orações de Cristo, que continua presente e atuante especialmente no sacramento da Eucaristia, pode realizar maravilhas ocultas. Nossa união com Cristo, selada e alimentada pela oração, é a única fonte para que nossas demais ações tenham fecundidade para a salvação dos irmãos. Irmã Lúcia alerta, de modo especial àqueles que, movidos pela ansiedade, podem se lançar à agitação da atividade e se esquecer da comunhão orante com Deus:

> Sem esta vida de oração e trato com Deus, todo apostolado é nulo, porque é Deus que tem de dar a eficácia ao nosso trabalho, às nossas palavras e aos nossos esforços. Por isso, a Mensagem nos diz: "Orai e sacrificai-vos" para, com as vossas orações, as vossas palavras, os vossos exemplos, os vossos sacrifícios, os vossos trabalhos e a vossa caridade, conseguirdes ajudar os vossos irmãos a levantar-se se estão caídos, a voltarem ao bom caminho se andam extraviados, e a aproximarem-se de Deus se vivem afastados; conseguirdes ajudá-los a vencerem as dificuldades, os perigos e as tentações que os cercam, seduzem e arrastam. E tantos dos nossos irmãos caem, muitas vezes, vencidos, porque não encontram ao seu lado quem ore e se sacrifique por eles, dando-lhes a mão e ajudando-os a seguir por um caminho melhor.

2. *O apostolado do sacrifício*. Todo o nosso esforço e toda a nossa contribuição para a salvação dos demais não é senão participação na missão do próprio Cristo. Ora, não é possível perpetuar a obra do Salvador sem nos assemelharmos a Ele. E assim como não há redenção sem o Calvário, não há apostolado sem imolação, ou seja, sem a renúncia e o esquecimento de si mesmo pelo bem dos irmãos.

3. *O apostolado da caridade*. Por fim, a vida e o sentimento de Cristo reproduzidos em nós se manifestam também pelo serviço mais imediato ao próximo.

Um pequeno detalhe relativo à aparição de agosto merece ser esclarecido. Respondendo à pergunta sobre os donativos deixados na Cova da Iria, Nossa Senhora recomenda que se façam dois andores, a serem levados pelas crianças, e cuja renda deveria ser usada na festa de Nossa Senhora do Rosário e na construção de uma capelinha. Ora, os andores que aqui se referem não são andores para transportar imagens. Era costume do povo das redondezas de Fátima, para agradecer a Deus os seus benefícios, levar em procissão coletiva os frutos das colheitas, na medida das posses de cada um. Essas ofertas eram recolhidas e colocadas em andores, levados em procissão nas grandes solenidades. Depois da Missa solene, eram oferecidas a Deus como sinal de gratidão e para as despesas do culto.

Irmã Lúcia considera que a resposta de Nossa Senhora manifestou o agrado de Deus para com esse gesto, sinal de partilha e da responsabilidade de todos para com o culto público. Num tempo em que o nome bendito do Senhor é tantas vezes tratado com irreverência, mesmo por aqueles que se consideram cristãos, Nossa Senhora convoca o povo a, com espírito de comunidade, se responsabilizar pelo culto reverente a Deus. De fato, o primeiro ato devido por uma pessoa que se reconhece crente é a adoração. No Catecismo da Igreja Católica lemos que "a adoração é o primeiro ato da virtude de religião. Adorar a Deus é reconhecê-Lo como Deus, como o Criador e o Salvador, o Senhor e o Dono de tudo o que existe, o Amor infinito e misericordioso. 'Adorarás o Senhor, teu Deus, e só a Ele prestarás culto' (Lc 4,8), diz Jesus, citando o Deuteronômio" (CIC, 2096).

Muitos são aqueles que se perdem e se esquecem da própria dignidade porque não reconhecem mais Deus como seu Criador e Senhor. Esse "esquecimento" de Deus acaba por contaminar tudo, visto que embrutece o coração humano. Assim, incapazes de reconhecer com reverência filial Aquele que nos amou e nos chamou à vida, terminamos por não reconhecer também a delicada dignidade de cada pessoa humana e de nós mesmos. A adoração, na medida em que nos faz reconhecer os vestígios de Deus em todas as suas obras e agradecer-Lhe por isso, é o remédio para o nosso tempo. O pedido da festa em honra de Nossa Senhora do Rosário; o pedido da construção de uma capelinha; e o pedido da confecção dos andores com os quais custear tudo isso são um sinal desse caminho de reverência pelo qual Nossa Senhora gostaria de nos levar.

Setembro: promessa do milagre

Chegou o mês de setembro, e milhares de pessoas já se reuniam na Cova da Iria para acolher a visita de Nossa Senhora. A aparição transcorreu tal como das outras vezes. A conversa se inicia com a pergunta de Lúcia: "O que vosmecê me quer?", ao que Nossa Senhora respondeu:

— Quero que continuem a rezar o terço, para alcançar o fim da guerra. Em outubro virá também Nosso Senhor, Nossa Senhora das Dores e do Carmo, São José com o Menino Jesus para abençoarem o mundo. Deus está contente com os vossos sacrifícios, mas não quer que durmais com a corda; trazei-a só durante o dia.

Como de outras vezes, diversas pessoas pediram a Lúcia que recomendasse a Nossa Senhora os seus enfermos. A resposta, como em outras ocasiões, foi:

— Sim, alguns curarei, outros não.

E, em seguida, Nossa Senhora prometeu novamente:

— Em outubro farei o milagre, para que todos acreditem.

Começando então a elevar-se, desapareceu como de costume.

Um convite à perseverança

Na breve conversa de setembro, Nossa Senhora encorajou os pastorinhos e, por intermédio deles, também a nós a perseverar na oração do terço. Mais uma vez, Ela nos garante: pela oração podem ser vencidas até as guerras!

Continuem a rezar! As palavras de estímulo da Mãe Santíssima são valiosas, pois todos aqueles que se propõem a dar os primeiros passos na vida de oração sabem o quanto é difícil perseverar. O primeiro obstáculo que se põe não vem de fora, senão que está dentro de nós mesmos: os altos e baixos que experimentamos quando somos movidos pelos nossos impulsos. A Escritura nos alerta sobre os perigos da inconstância: "O homem inconstante é como a onda do mar, levantada pelo vento e agitada de um lado para o outro. Não pense, portanto, tal homem que alcançará alguma coisa do Senhor, pois é um homem irresoluto, inconstante em todo o seu proceder" (Tg 1,6-8).

Se é verdade que os primeiros dias de oração podem ser uma maravilhosa descoberta, também é verdade que logo eles podem se mostrar árduos, sem muitas respostas imediatas ou sinais da presença de Deus. Nesse momento, precisamos recordar que o primeiro motivo da oração não somos nós mesmos, nem nossas necessidades, nem nosso desejo de experimentar a presença de Deus. O motivo decisivo, que nos impulsiona a vencer a inconstância, é agradar verdadeiramente a Deus e buscá-Lo, para que sejamos transformados segundo a sua vontade. Se o foco de nossas orações é alguma necessidade imediata, ou o desejo de experimentar o consolo divino (ainda que seja correto e necessário apresentar a Deus nossas preocupações por meio da oração), nosso relacionamento com Ele vai ter sempre como medida o pensamento daquilo que nos falta ou uma consciência de que nunca temos o bastante. Ao contrário, se nosso propósito primeiro é adorar a Deus e conhecer sua vontade, nosso primeiro pensamento na oração vai ser sempre o de um grato reconhecimento por tudo o que o Senhor é e faz por nós. Além disso, nossa abertura de coração para compreender seu chamado vai, gradualmente, alargando nossa união com Deus; seus interesses irão se tornando, aos poucos, os nossos interesses. Tendo cada vez mais em comum com o Senhor, estar com Ele se tornará então uma agradável necessidade do nosso coração.

Além de vencer a inconstância natural dos nossos sentimentos, precisamos de disciplina para consagrar tempo a Deus em meio às tantas atividades de nossa jornada diária. É comum ouvirmos pessoas dizerem que "não conseguem parar para rezar, mas lembram de Deus muitas vezes ao longo do dia". Recordar-nos de que estamos na presença de Deus durante a jornada diária é um excelente exercício. Contudo, ele só será frutuoso para nós na medida em que, "nada antepondo ao amor de Cristo", dedicarmos alguns momentos do dia para nossa íntima convivência com o Senhor. É nessa hora, no oculto do coração, que o Espírito Santo planta as sementes que devem dar fruto ao longo de todo o dia. Se não temos tempo para consagrar a Deus, em detrimento de todo o resto, estamos revelando praticamente que não nos consideramos dependentes dele, visto que não lhe dedicamos atenção total. Em nossa época, considera-se uma qualidade o fato de uma pessoa conseguir desempenhar diversas tarefas ao mesmo tempo, ter um "multifoco".

Quando o assunto é a vida do nosso espírito, isso não é uma qualidade! Essa dispersão da atenção, que pode ser útil quando somos arrastados para fora de nós mesmos a fim de desempenhar diversas tarefas mais ou menos superficiais, não nos permite mergulhar naquilo que Deus deseja revelar de si mesmo quando o buscamos. A palavra "inteligência" (que é, aliás, um dos dons do Espírito Santo) significa originalmente: "capacidade de ler dentro." Só nos detendo diante do Senhor com serenidade seremos capazes de "ler dentro" de nós mesmos e das circunstâncias da vida, a fim de descobrirmos a vontade de Deus e agirmos sabiamente.

Portanto, lutar contra a inconstância; disciplinar-se para dedicar tempo ao encontro com Deus; ter como ponto de partida da oração não a consciência de nossas necessidades ou de nossas carências, mas o desejo de cultivar a consciência de adorador, ou seja, de fazer do reconhecimento agradecido o princípio da vida de oração — esses são alguns dos elementos que fortalecerão a perseverança na vida de comunhão com Deus. Concretamente, em Fátima, Nossa Senhora nos ofereceu como ponto de partida a oração do terço. Na medida em que, unindo nosso coração ao Imaculado Coração de Maria, vamos meditando serenamente nos mistérios da vida de Jesus, podemos vencer exatamente nesses primeiros desafios da vida de oração. O ritmo de repetição do terço pode ser uma grande ajuda: não importando o estado de nossos sentimentos, se entusiásticos ou abatidos, a oração vai fluindo com constância, levando-nos para além de nós mesmos. Além disso, a oração do terço pode encorajar a dedicação de um tempo diário ao Senhor; sua contemplação desperta os olhos de nossa alma para que vejamos diante de nós, com os olhos de Maria, a face de Jesus Cristo. Quando o foco de nossa oração é Jesus, o amado Salvador de todos nós, como não se encher de confiança e gratidão?

Também em setembro de 1917 surge uma importante personagem da igreja portuguesa em Fátima, que será valiosa para o prosseguimento dos estudos e para o reconhecimento das aparições: o cônego Manuel Nunes Formigão. Conhecido não somente por sua sabedoria e sua prudência, mas, sobretudo, pela santidade de sua vida (está atualmente em processo de canonização), o venerado sacerdote, depois de tudo observar com atenção, volta-se para Lúcia e a admoesta: "A menina tem a obrigação de amar muito a Nosso Senhor, por tantas graças e benefícios que lhe está concedendo." Anos mais tarde, irmã Lúcia afirmou que essas palavras se gravaram tão intimamente em sua alma que, desde então, ela adquiriu o hábito de dizer constantemente a Nosso Senhor: "Meu Deus, eu Vos amo, em agradecimento pelas graças que me tendes concedido."

A história de Fátima é também a história dos pastorinhos. A ação do Espírito Santo nessas crianças, bem como a transformação de seus corações por meio de uma generosidade heroica em responder ao chamado de Deus, é o sinal de que algo realmente sobrenatural se dera naqueles dias na Cova da Iria e permaneceu atuando por muito tempo dentro delas. A gratidão, transformada em amor efetivo a Deus, constitui um dos tantos traços que vão se imprimir no coração de Lúcia. Como seria maravilhoso se, também em nós, a devoção a Nossa Senhora de Fátima gerasse uma cura e uma transformação interior profundas. Talvez esse trabalho do Espírito Santo em nós possa começar justamente na medida em que aceitarmos que as palavras do cônego Formigão também poderiam ser dirigidas a nós, por muitos motivos: "Tenho a obrigação de amar muito a Nosso Senhor, por tantas graças e benefícios que me está concedendo!" Sempre nos ronda a tentação da insatisfação e da ingratidão: apesar de Deus estar sempre conosco, muitas vezes nos sentimos sozinhos ou preteridos diante dos outros. Aprender a agradecer (como nos ensina a liturgia da Igreja, que a cada Missa nos convida a declarar: "Demos graças ao Senhor, nosso Deus! É nosso dever e nossa salvação!") pode ser o caminho que nos levará da revolta à paz, da tristeza à confiança nos planos de Deus.

Além disso, outro detalhe precioso da aparição de setembro está em que Nossa Senhora dá às crianças uma notícia que muito deve tê-las alegrado: "Deus está contente com os vossos sacrifícios." Não podemos nos esquecer de que os interlocutores de Maria Santíssima são três crianças de dez, nove e sete anos; os sacrifícios que faziam, como já sabemos, eram o jejum do almoço; não beber água por tempo prolongado; usar uma corda ao redor da cintura por debaixo da roupa, e mais qualquer pequena coisa que se lhes apresentasse como oportunidade de penitência. Contudo, para Deus, o motivo de contentamento não é o tamanho da obra oferecida, mas o amor com que ela é feita. Assim também é conosco! Talvez jamais tenhamos a oportunidade de fazer algo grande para Deus. O que importa é saber que Ele fez algo grande por nós, dando-nos uma nova vida pelo sacrifício de Jesus. Agora, cabe a nós corresponder a esse dom por meio do amor. Colocar verdadeiro amor a Deus em todas as coisas que fazemos no dia a dia: esse é o segredo para contentarmos o Senhor. Como escreveu certa vez o bem-aventurado Columba Marmion a uma de suas filhas espirituais, "procurai, querida filha, fazer tudo por amor. Deus é Amor e aceita as mais pequeninas coisas feitas por amor. O amor é como a pedra filosofal, que transforma em ouro tudo quanto for tocado por ela".

Em seu caminho de penitência, porém, os pastorinhos não contavam com a orientação de ninguém que pudesse ajudá-los. Por escrúpulo, não contavam a outras pessoas os sacrifícios que faziam. Portanto, era natural que acabassem caindo em algum exagero, o que de fato aconteceu com a corda que traziam por debaixo das blusas, que não tiravam sequer para dormir. Nossa Senhora, então, depois de encorajá-los com a notícia de que Deus se agradava de suas pequenas penitências, pede que as crianças usem a corda apenas durante o dia. Vemos nesse detalhe um cuidado de mãe e educadora: conhecendo a generosidade das crianças e sua capacidade de oblação, Maria Santíssima não as desencoraja de fazer o sacrifício durante o dia.

Mas, conhecendo também as limitações de seu organismo infantil, recomenda que durmam sem nenhum incômodo, colocando um limite saudável à penitência. Como seria bom se as mães e os pais cristãos se espelhassem nesse exemplo de Maria... Num mundo em que nossas crianças são educadas pelos meios de comunicação a reclamar a satisfação imediata de suas vontades, seria maravilhoso se as mães e os pais ensinassem seus filhos a respeito do valor do sacrifício e da renúncia e os encorajassem a praticá-los. Temperando essa prática com os cuidados naturais que uma mãe deve cultivar pela saúde e bem estar de seu filho, certamente formaríamos uma geração de cristãos e cidadãos generosos, dispostos a se esquecerem de si mesmos para corresponder à vontade de Deus. Uma "educação para o sacrifício", temperada com o amoroso reconhecimento e encorajamento pelas virtudes praticadas, daria muitos frutos para a formação da personalidade de nossas crianças.

Outubro: o cumprimento da promessa

Chegou finalmente o dia 13 de outubro, no qual se daria o esperado milagre para que todos pudessem acreditar. Alguns registros da época fazem menção a 100 mil pessoas presentes na Cova da Iria nesse dia. Na sua maioria, gente humilde das aldeias vizinhas, vinda a pé desde a véspera para despedir-se de Nossa Senhora e presenciar o milagre prometido para a última aparição.

Perto do meio-dia, os pastorinhos conseguiram aproximar-se da azinheira, já então desfolhada pelos devotos, marcada com um arco de madeira do qual pendiam duas lanternas, e com os galhos nus cobertos por fitas de seda colocadas por dona Maria Carreira (depois conhecida como "Maria da Capelinha"), a guardiã informal do local das aparições. Chovia constantemente desde o dia anterior, e toda a região estava encharcada, bem como as roupas dos peregrinos. Lúcia, então, movida por uma impressão interior, pede que todos fechem os guarda-chuvas e comecem a rezar o terço. Pouco depois, as crianças veem o reflexo do costumeiro relâmpago e Nossa Senhora se lhes apresenta mais uma vez. Colocando-se à disposição da Senhora, como fizera das outras vezes, Lúcia pergunta:

— Que é que vosmecê me quer?

Dessa vez, como prometido, a Senhora revela sua identidade:

— Quero dizer-te que façam aqui uma capela em Minha honra, que sou a Senhora do Rosário, que continuem a rezar o terço todos os dias. A guerra vai acabar e os militares voltarão em breve para suas casas.

Lúcia então reporta a Nossa Senhora os muitos pedidos de ajuda que lhe eram feitos pelos peregrinos:

— Eu tinha muitas coisas para lhe pedir: se curava uns doentes e se convertia uns pecadores...

— Uns, sim; outros, não. É preciso que se emendem, que peçam perdão dos seus pecados.

Tomando um aspecto mais triste, Nossa Senhora disse:

— Não ofendam mais a Deus Nosso Senhor, que já está muito ofendido.

E, abrindo as mãos, fez com que se reflectissem no sol. Enquanto se elevava, continuava o reflexo da sua própria luz a projetar-se no sol. Por esse motivo, Lúcia gritou para que todos olhassem para o astro.

As três visões

Desaparecida Nossa Senhora na imensa distância do firmamento, as crianças viram, ao lado do sol, São José com o Menino Jesus e Nossa Senhora vestida de branco, com um manto azul. São José e o Menino pareciam abençoar o mundo com uns gestos que faziam com a mão em forma de cruz. Pouco depois, desvanecida essa aparição, as crianças viram Nosso Senhor e Nossa Senhora, que parecia ser Nossa Senhora das Dores. Nosso Senhor aparentava abençoar o mundo, tal como fizera São José. Desvaneceu-se essa aparição e pareceu às crianças ver Nossa Senhora semelhante a Nossa Senhora do Carmo.

Muitas são as interpretações possíveis das cenas vistas pelas crianças. Alguns autores fazem uma relação entre as imagens e os mistérios do Rosário (a Sagrada Família corresponde aos mistérios gozosos; Nossa Senhora das Dores, aos dolorosos; Nossa Senhora do Carmo, aos gloriosos). A própria irmã Lúcia, contudo, reconhece uma outra relação possível. Para ela, as visões são um apelo de Deus a valorizarmos a vocação à santidade cristã em suas diversas formas de realização.

A primeira visão foi a da Sagrada Família. Para a vidente, nesses nossos tempos em que a família, como constituída por Deus, é tão malcompreendida, o Senhor desejou chamar nossa atenção para o valor e a missão das famílias cristãs. Segundo a irmã Lúcia, "Deus confiou à família uma missão sagrada de cooperação com Ele na obra da criação. Esta decisão de querer associar as Suas pobres criaturas à Sua obra criadora é uma grande manifestação da bondade paternal de Deus: é como que fazê-las participantes do Seu poder criador; é querer servir-se dos Seus filhos para a multiplicação de novas vidas, que floresçam na Terra com destino ao Céu".

Além disso, a Sagrada Família aparece como modelo de vida e convivência para todas as famílias cristãs. A perfeita comunhão de Nossa Senhora e São José em realizar a vontade de Deus; sua inteira dedicação à missão materna e paterna junto ao Salvador; a perfeita submissão de Jesus aos humildes pais que o custodiavam na Terra... Tudo nessa família é exemplo para aqueles que desejam colocar Deus no centro de seus lares e relacionamentos.

A segunda cena, do Cristo e de Nossa Senhora das Dores, representa, para a irmã Lúcia, o apelo de Deus à nossa perfeição no seguimento de Jesus Cristo. Tendo se apresentado como "homem perfeito", adulto, majestoso ao abençoar o mundo, o Cristo se manifesta como o Mestre do qual devemos seguir os passos. Um dia, o Senhor convidou Seus discípulos a virem ao seu encontro com essas palavras: "Vinde a mim, todos vós que estais cansados e sobrecarregados debaixo do peso de vossos fardos. Aprendei de mim, que sou manso e humilde de coração, e encontrais repouso para vossas almas." (Mt 11,28ss). O Senhor não deseja apenas que aprendamos algumas coisas sobre Ele; seu grande desejo é que aprendamos tudo Dele, ou seja, que aprendamos a ser como Ele. Santo Henrique de Ossó assim expressou o ideal que deve arder no coração de todo cristão:

> Pensar como Jesus Cristo, sentir como Jesus Cristo, amar como Jesus Cristo, agir como Jesus Cristo, conversar como Jesus Cristo, falar como Jesus Cristo. Enfim, conformar toda a nossa vida à de Cristo, revestir-nos de Jesus Cristo! Nisso consiste o único interesse, a ocupação essencial e primária de todo cristão; porque cristão significa *alter Christus*, outro Cristo. Salvar-se-á aquele que for encontrado conforme a imagem de Cristo. (...) A vida eterna consiste em conhecer sempre mais a Jesus Cristo, nossa única felicidade no tempo e na eternidade. Quão feliz será a alma que aprender cada dia esta lição e a puser em prática! Que suave pensamento: viverei, comerei, dormirei, falarei, calarei, trabalharei, padecerei, tudo farei e sofrerei em união com Jesus, conformando-me à divina intenção e aos sentimentos com que Jesus agiu e quer que sejam os meus no agir ou no padecer!

A Virgem das Dores, aparecendo ao lado do Salvador, recorda-nos de que não há seguimento de Cristo que não passe pela Cruz. Ela nos lembra o valor do sacrifício e da imolação por amor. Nosso mundo não quer ouvir falar dessas verdades e, segundo a irmã Lúcia, "quanto mais foge do sofrimento, mais se vê mergulhado no mar das aflições, amarguras e penas". O sofrimento fecundo de Nossa Senhora, porque sempre unido a Jesus, nos convida a transformar nossas dores em ocasião de maior entrega a Deus. Em nossa união com Ele, também os sacrifícios que a vida nos impõe serão fecundos e gerarão frutos de graça para nós e para muitas outras pessoas.

Por fim, os pastorinhos tiveram a visão de Nossa Senhora do Carmo, revestida com o escapulário. Para a irmã Lúcia, essa cena manifestou o amor de Deus pela vida religiosa e por todos os consagrados. A renúncia à própria vontade para estar mais generosamente disponível ao chamado de Deus é o distintivo da vida religiosa. Essa renúncia abraça cada detalhe da vida: a capacidade de amar; os projetos de trabalho e o reconhecimento humano; as pequenas e grandes escolhas nas quais podemos abrir mão da vontade própria. Segundo a irmã Lúcia, "a missão das pessoas consagradas é trabalhar e santificar-se em união com Cristo pelo Reino dos Céus... A forma para cumprir essa missão é dar a vida: 'Se o grão de trigo, caindo na terra, não morrer, fica ele só; mas, se morrer, dá muito fruto' (Jo 12,24). (...) Esta é a glória das pessoas consagradas: a glória que elas esperam de Deus e que as eleva para Deus. Podem de certo modo dizer como e com Jesus Cristo: 'Por causa disto é que cheguei a essa hora' (Jo 12,27)." Eis, portanto, o sentido das três visões de outubro, segundo a irmã Lúcia: são um chamado à santidade, ao seguimento de Jesus em qualquer estado de vida em que nos encontremos. "Para isso fomos escolhidos e havemos de ser santos: para ser o louvor da glória de Deus e participar dessa mesma glória que dele recebemos como graça."

O milagre prometido

Enquanto as crianças contemplavam essas visões, deu-se o famoso milagre do sol, o sinal prometido para confirmar a veracidade das aparições. Os pastorinhos, contudo, não viram o milagre. Segundo as milhares de testemunhas oculares, a chuva parou, as nuvens abriram-se como uma cortina que se afasta e deixaram passar os raios do sol que secaram toda a lama e as roupas da multidão. Por três vezes o sol girou sobre si próprio, dardejando os seus raios com matizes de amarelo, azul, verde e roxo; era possível observar esse prodígio desde muito longe. As pessoas tomavam as cores do sol. A certa altura, toda a multidão aterrada começou a gritar e muitos confessavam em voz alta seus pecados, fazendo atos de fé e pedindo perdão. Parecia que o sol se desprendia do firmamento e vinha em direção à Terra.

O correspondente do jornal *O Século*, vindo de Lisboa para "desmascarar a farsa de Fátima", assim relatou sua experiência:

> Podia ver-se a imensa multidão que olhava para o sol, que parecia estar livre das nuvens e a pino. Parecia como uma placa de prata desbotada e era possível olhá-lo sem nenhum incômodo. Poderia ser um eclipse que estava acontecendo. Mas nesse momento escutou-se um grande grito e podia se escutar os espectadores mais próximos gritando "Milagre! Milagre!". Diante dos olhos da multidão, cujo aspecto era bíblico, o sol tremeu, fez alguns movimentos incríveis fora de suas leis cósmicas — o sol "dançou" — de acordo com a expressão típica das pessoas. E, a seguir, perguntam-se todos se viram o que viram. O maior número confessa que viu a tremura, o bailado do sol; outros, porém, declaram ter visto o rosto risonho da própria Virgem, juram que o sol girou sobre si mesmo como uma roda de fogo de artifício, que ele baixou quase a ponto de queimar a Terra com seus raios. Há quem diga que o viu mudar sucessivamente de cor.

O jornal *O Dia*, também de Lisboa, noticiou o fato da seguinte maneira:

> O sol prateado viu-se girar e rodopiar no círculo das nuvens abertas. Um grito saiu de cada boca e as pessoas caíram de joelhos no chão pantanoso. A luz tornou-se de azul formoso como se tivesse vindo através de vidros de janelas de catedral e espalhou-se sobre as pessoas que estavam ajoelhadas de mãos abertas. O azul se desvaneceu devagar e então a luz parecia

passar através de um vidro amarelo. As pessoas choravam e rezavam com a cabeça descoberta na presença do milagre que tinham esperado. Os segundos pareciam horas, de tanto serem vividos.

Terminada a aparição e o milagre, a multidão se precipitou sobre os pastorinhos com mil perguntas. Foi difícil naquele dia preservar as crianças do assédio dos peregrinos, que permaneceram ainda em Fátima durante todo aquele dia, desejando alongar um pouco mais um momento de tanta graça. Nossa Senhora do Rosário de Fátima tinha manifestado, por fim, a razão maior de sua visita, patente em todos os outros pedidos que fez ao longo daqueles meses: *Não ofendam mais a Deus Nosso Senhor, que já está muito ofendido.* Contudo, a aparição do dia 13 de outubro não foi a despedida definitiva da Senhora. Como havia prometido em maio, Ela voltaria ainda uma sétima vez à Cova da Iria. E voltaria ainda outras duas vezes, para estabelecer a devoção ao seu Imaculado Coração e pedir a consagração da Rússia. A mensagem de Fátima ainda não havia se completado, e a Mãe de Deus devia ainda prodigalizar seus cuidados amorosos sobre a humanidade do século XX.

Dois dias antes da proclamação do dogma da Assunção de Nossa Senhora, em 1º de novembro de 1950, o venerável Pio XII foi surpreendido, nos jardins do Vaticano, por um fenômeno muito semelhante ao milagre do sol acontecido em Fátima:

O sol, que estava muito alto no céu, assumiu o aspecto de um globo opaco de um amarelo pálido, totalmente cercado por um halo luminoso, que não obstante não me impedia de observá-lo diretamente, sem o menor desconforto. Uma nuvem muito leve encontrava-se diante dele. O globo opaco principiou a mover-se para fora, girando lentamente sobre si mesmo, e deslocando-se da esquerda para a direita, e vice-versa. Mas dentro do globo, movimentos muito fortes podiam ser observados em toda a claridade e sem interrupção. O mesmo fenômeno repetiu-se no dia seguinte, 31 de outubro, bem como a 1º de novembro, dia da definição, e na oitava da solenidade, ou seja, no dia 8 de dezembro. Até hoje não mais se repetiu. Várias vezes, depois, em diferentes dias, mas sempre à mesma hora e em condições atmosféricas iguais ou muito semelhantes, olhei para o sol para ver se aparecia o mesmo fenômeno, mas em vão, pois não consegui olhar fixamente para o sol nem só por alguns segundos, porque me cegava imediatamente a vista. Esta é, em breves e simples palavras, a pura verdade.

Fátima continua

~

A sétima aparição

Após a aparição de outubro, a vida dos pastorinhos foi transformada profundamente pela afluência de pessoas que desejavam ouvi-los falar da mensagem de Nossa Senhora. Ao contrário do que as famílias supunham, o fim das aparições não tornou sua vida mais calma; ao contrário, era cada vez maior o número de peregrinos. Os pais de Jacinta e Francisco decidiram não mais enviá-los com os rebanhos às pastagens, visto que a todo o momento deviam chamá-los de volta para atender os visitantes. Lúcia, portanto, teria de ir sozinha, o que causava grande tristeza aos três. Ficou decido então, em 1918, que Lúcia seguiria para a escola e que os primos lhe fariam companhia. Talvez fosse possível, assim, que a vida das crianças transcorresse em maior tranquilidade. Além disso, cumpria-se o pedido de Nossa Senhora de que Lúcia aprendesse a ler e escrever.

Contudo, novas cruzes iam chegando. Nesse ano, na esteira da guerra, alastrou-se uma epidemia que matou famílias inteiras em Portugal, de severa gripe. Francisco e Jacinta também caíram doentes, sem jamais se recuperar por completo. Por causa disso, não puderam mais acompanhar Lúcia à escola. Assim, quase todos os dias, ao voltar para casa, Lúcia visitava os primos e dava-lhes "notícias" do "Jesus Escondido" que as crianças tinham o costume de visitar no retorno da escola, fazendo uma visita ao Santíssimo Sacramento na igreja matriz. Também nessa época, Lúcia começou a aprender o ofício de tecelagem com a mãe e as irmãs.

Estando uma vez em casa, a menina recebeu um aviso urgente de Jacinta e foi até ela apressada; encontrou-a cheia de alegria. Em suas memórias, ela nos conta:

> Um dia mandou-me chamar: que fosse junto dela depressa. Lá fui, correndo. "Nossa Senhora veio-nos ver e diz que vem buscar o Francisco muito breve para o Céu", disse a Jacinta. E a mim perguntou-me se queria ainda converter mais pecadores. Disse-Lhe que sim. Disse-me que ia para um hospital, que lá sofreria muito; que sofresse pela conversão dos pecadores, em reparação dos pecados contra o Imaculado Coração de Maria e por amor de Jesus. Perguntei se tu ias comigo. Disse que não. Isto é o que me custa mais. Disse que ia minha mãe levar-me e, depois, fico lá sozinha! Em fins de dezembro de 1919, de novo a Santíssima Virgem se dignou visitar a Jacinta, para lhe anunciar novas cruzes e sacrifícios. Deu-me a notícia e dizia-me: "Disse-me que vou para Lisboa, para outro hospital; que não te torno a ver, nem os meus pais; que, depois de sofrer muito, morro sozinha, mas que não tenha medo; que me vai lá Ela buscar para o Céu." Durante a sua permanência de 18 dias no hospital em Lisboa, Jacinta foi favorecida com novas visitas de Nossa Senhora, que lhe anunciou o dia e a hora em que haveria de morrer. Quatro dias antes de a levar para o Céu, a Santíssima Virgem tirou-lhe todas as dores. Nas vésperas da

sua morte, alguém lhe perguntou se queria ver a mãe, ao que ela respondeu: "A minha família durará pouco tempo e em breve se encontrarão no Céu… Nossa Senhora aparecerá outra vez, mas não a mim, porque com certeza morro, como Ela me disse."

Também nesse tempo, a mãe de Lúcia, dona Maria Rosa, caiu doente. Desenganada pelo médico, recebeu o sacramento da Unção dos Enfermos e despediu-se das filhas, manifestando especial preocupação pelo destino de Lúcia. Dona Maria Rosa não conseguia acreditar nas aparições, causando especial tristeza à filha mais nova; além disso, as irmãs diziam à Lúcia que a mãe estava morrendo de desgosto pelo que havia se tornado a vida da família. Desafiada pela irmã mais velha, Lúcia correu à Cova da Iria e fez a Nossa Senhora um voto. Se a mãe fosse curada, toda a família iria até ao local das aparições, durante nove dias seguidos, e rezariam o Rosário. Iriam de joelhos desde o alto da estrada até junto do lugar onde havia estado a azinheira. No último dia, levariam nove crianças pobres e dariam um belo jantar a todas.

Depois de concluir suas orações, a menina voltou para casa, cheia de confiança na intercessão de Nossa Senhora. Sem tardar manifestou-se o poder de Deus! Ao chegar a casa, a mãe já estava sentada na cama, tomando uma tigela de canja. Na hora do jantar, os parentes, que já estavam vindo para participar do luto da família, puderam juntar-se às orações de ação de graças, visto que Maria Rosa sentia-se restabelecida. Passados alguns dias, toda a família cumpriu a promessa feita por Lúcia. O caminho que fizeram de joelhos é até o dia de hoje percorrido por muitas pessoas que, repetindo o mesmo gesto, agradecem a Nossa Senhora as graças recebidas.

Temendo pela saúde de Lúcia, um devoto casal se ofereceu para tirá-la um tempo da aldeia, a fim de que pudesse respirar outros ares e descansar. O quadro de saúde de Francisco e Jacinta, contudo, não melhorava. Como havia prometido, Nossa Senhora levou Francisco para o Céu no dia 4 de abril de 1919, uma primeira sexta-feira do mês. No dia 30 de julho do mesmo ano, o pai de Lúcia foi diagnosticado com pneumonia dupla e, no dia seguinte, faleceu. Jacinta, por sua vez, faleceu no dia 20 de fevereiro de 1920, em Lisboa, como previra.

Lúcia ficou então sozinha. O cônego Manuel Nunes Formigão, sinceramente preocupado com a situação da menina, encarregou-se de enviá-la para a casa de algumas senhoras distintas em Lisboa, a fim de que continuasse recebendo educação e ficasse salvaguardada das indiscrições dos peregrinos. Contudo, nesse ínterim, foi sagrado bispo de Leiria o senhor dom José Alves Correia. Lúcia já estava com 13 anos, e o desejo do bispo era que ela pudesse mudar-se para o Porto e que se tornasse aluna interna das irmãs de Santa Doroteia; ali, quem sabe, poderia discernir a vocação religiosa. As condições que o bispo exigiu, no entanto, pareceram demasiado duras para a menina: não deveria revelar a ninguém sua identidade, nem falar dos acontecimentos de Fátima; não deveria corresponder-se com ninguém, a não ser com sua própria mãe; não deveria voltar a Fátima para passar férias, nem para qualquer outra coisa, sem a sua licença. Com o coração apertado, mas sabendo do consentimento que dona Maria Rosa havia dado às intenções do prelado, Lúcia aceitou a proposta, desejosa de não desagradar nem ao bispo nem à mãe.

A viagem para o Porto ficou marcada para o dia 15 de junho de 1921. Lúcia conseguiu que esse dia ficasse reservado para que pudesse visitar os locais de Fátima onde a recordação de Nossa Senhora e dos primos era mais intensa. Com a mente e o coração cheios de pensamentos e dúvidas, ajoelhou-se junto à grade de proteção que marcava o lugar onde estivera a azinheira das aparições. Ela se lembra de ter chorado muito, pedindo perdão a Nossa Senhora por não ser capaz de oferecer-lhe, dessa vez, este sacrifício que parecia maior que suas forças. Recordando-se do primeiro encontro com Nossa Senhora e do "sim" que havia pronunciado quando a Virgem Mãe lhes perguntou se queriam oferecer-se a Deus, Lúcia sentia o coração cheio de amargura. Não havia ali, então, ninguém a quem pudesse pedir conselhos, e era preciso ou acolher a vontade do bispo como sinal da vontade de Deus, ou desistir de obedecer e entregar-se a algum outro projeto, indo talvez para Lisboa, junto das pessoas queridas com quem já havia convivido um dia.

Foi então que, sentindo uma mão amiga a lhe tocar o ombro, Lúcia levantou o olhar e viu que Nossa Senhora estava ali. Ouvindo mais uma vez a voz de Maria, seu coração se encheu de paz:

— Aqui estou pela sétima vez. Vai, segue o caminho por onde o senhor bispo te quiser levar, essa é a vontade de Deus.

De repente, pareceu que um peso imenso havia saído de seus ombros. Lúcia renovou então o seu sim à vontade de Deus, muito mais consciente do que em 13 de maio de 1917. Ela recordou que, naquele momento, surgira pela primeira vez em seu coração o sinal da vocação religiosa. Lembrando-se da aparição de outubro, recordou a visão que tivera de Nossa Senhora do Carmo e experimentou atração pelo Carmelo. Naquele dia, tomou como protetora a irmã Teresinha do Menino Jesus. Na madrugada do dia 16 de junho, partiu com uma senhora acompanhante para a cidade do Porto. Alguns dias depois, por conselho de dom José Alves Correia, que se mostrou um excelente pastor de sua alma, Lúcia tomou como norma de vida a obediência e como lema as palavras de Nossa Senhora narradas no Evangelho de João: "Fazei tudo o que Ele vos disser" (Jo 2,5).

A sétima aparição de Nossa Senhora na Cova da Iria, tão pouco conhecida, manifesta os cuidados da Mãe do Céu pelo nosso progresso no caminho de Deus. Como é bom saber, como Lúcia descobriu então, que, nas horas de indecisão, quando não podemos ou não sabemos descortinar as dúvidas e preocupações de nosso coração a outras pessoas, Deus conhece o nosso íntimo e quer ser nosso apoio. Há momentos em que nosso "sim" à vontade de Deus parece custoso demais, mas é justamente este "sim" o instrumento capaz de aliviar nossa alma e desatar os laços que nos afligem. A palavra "obediência", que costumamos identificar com uma disposição a nos conformar aos desejos de outra pessoa, na verdade é a palavra-chave para a paz da nossa alma. Quando, diante de uma situação difícil, simplesmente abrimos mão de entender e controlar tudo e nos dispomos a buscar fazer a vontade de Deus, isso é obediência. Há momentos em que o único cajado que teremos para nos apoiar e permanecer firmes diante dos desafios será o cajado ou o apoio da obediência. Saber que, numa circunstância dolorosa qualquer, podemos dizer "sim" a algo que Deus espera de nós é muitas vezes o único recurso que nossa alma encontra para vencer a desesperança e manter a paz.

Assim foi com Lúcia, assim também é conosco. Talvez, no dia de hoje, haja um "sim" a ser dado a Deus de nossa parte. A situação sofrida que estamos vivendo, seja uma enfermidade, ou uma separação, ou o desemprego, talvez só possa ser transformada a partir do instante em que nosso coração, como o de Lúcia, estiver pronto a dizer: "Sim, Senhor. Em meio a tudo que tenho vivido, desejo seguir fazendo a tua vontade. Não sei muito bem o que está acontecendo; não sei como as coisas vão se desenrolar. Sei apenas que Te dou o meu 'sim'; apresento-te, hoje, o meu coração desejoso de corresponder ao que esperas de mim em meio a tudo isso. Obrigado porque me ajudas a reencontrar a paz, não retirando a cruz do meu caminho, mas ajudando-me a passar por ela com o coração rendido nas tuas mãos. Amém."

Pontevedra: a devoção dos primeiros sábados

Lúcia permaneceu no Porto durante quatro anos como aluna interna do colégio das irmãs doroteias de Santa Paula Frassineti. Ao longo desse tempo, era conhecida por todas pelo nome de Maria das Dores. No dia 8 de junho de 1923, festa do Sagrado Coração de Jesus, foi escolhida pelas companheiras como zeladora do Apostolado da Oração; no dia 26 de agosto do mesmo ano, foi admitida como congregada entre as filhas de Maria. Neste dia, com licença do confessor, ao consagrar-se de modo especial a Nossa Senhora, consagrou-se também inteiramente a Deus pelo voto privado de castidade perpétua; tinha então dezesseis anos. No dia 8 de julho de 1924, Lúcia foi submetida a um interrogatório canônico, tendo o bispo de Leiria aberto o inquérito oficial sobre os acontecimentos de Fátima em 1922. Em outubro de 1926, pela primeira vez ele visitou a Cova da Iria. Em 1930, publica a sua aprovação da autenticidade das aparições, nos seguintes termos: "Em virtude das considerações expostas e outras que omitimos por brevidade, invocando humildemente o Divino Espírito Santo e confiados na proteção de Maria Santíssima, depois de ouvirmos os reverendos consultores desta nossa diocese, havemos por bem declarar como dignas de crédito as visões das crianças na Cova da Iria, freguesia de Fátima, desta diocese, nos dias 13 de maio a 13 de outubro de 1917." Por essa declaração ficava permitido oficialmente o culto a Nossa Senhora de Fátima.

No dia 24 de agosto de 1925, Lúcia foi crismada e juntou ao nome, como era costume então, aquele de Maria.

Terminado o tempo dos estudos, ela ingressou como postulante na congregação das doroteias. Seu desejo pessoal era tornar-se carmelita e ingressar no Carmelo de Lisieux, devido à sua devoção a Santa Teresinha. Contudo, por desejo de dom José Alves Correia, permaneceu nessa congregação, postergando a possibilidade do ingresso no Carmelo. Nesse tempo, não havia noviciado de ordens religiosas em Portugal, e por isso Lúcia foi transferida para a cidade de Pontevedra, na Espanha. Lá chegou no dia 26 de outubro de 1925.

Contudo, a Santíssima Virgem havia prometido, na aparição de julho de 1917, voltar para oferecer ao mundo um caminho de salvação: a devoção ao seu Imaculado Coração. Essa promessa foi cumprida no dia 10 de dezembro de 1925. Enquanto Lúcia estava em seu quarto, Nossa Senhora apareceu, tendo ao seu lado, como que suspenso em uma nuvem luminosa, um Menino. Pondo a mão sobre seu ombro, Nossa Senhora lhe mostrava, ao mesmo tempo, um coração que tinha na outra mão, cercado de espinhos. Então, disse o Menino:

— Tem compaixão do coração de tua Santíssima Mãe, que está coberto de espinhos, que os homens ingratos lhe cravam sem cessar, sem que haja ninguém que faça um ato de reparação para arrancá-los.

Então, Nossa Senhora disse:

— Olha, minha filha, meu coração cercado de espinhos que os homens ingratos me cravam sem cessar com blasfêmias e ingratidões. Tu, ao menos, procura consolar-me; e diz que *a todos os que, durante cinco meses, no primeiro sábado, se confessarem, receberem a sagrada comunhão, rezarem o Rosário e me fizerem quinze minutos de companhia, meditando nos quinze mistérios do Rosário, com o fim de desagravar-me, prometo-lhes assistir na hora da morte com todas as graças necessárias para a sua salvação.*

Lúcia comunicou o conteúdo dessa mensagem ao seu confessor, dom Lino Garcia, e à superiora da casa. Esta, por sua vez, comunicou-o ao bispo de Leiria. Contudo, não se tornou público o pedido de Nossa Senhora.

Alguns meses depois dessa aparição, Lúcia encontrou, junto ao portão da casa, onde era encarregada dos serviços domésticos, um menino, a quem perguntou se sabia rezar a Ave-maria. Respondendo ele que sim, pediu-lhe então que rezasse para que ela o ouvisse. E, como o menino não se resolvia a fazê-lo sozinho, ela repetiu a oração por três vezes junto com ele. Ao final, pediu novamente que o menino a dissesse só, mas ele não era capaz de dizer a oração sem ajuda. Lúcia então perguntou se ele sabia onde era a igreja de Santa Maria, e recebeu resposta afirmativa. Disse-lhe então que fosse lá todos os dias e que dissesse assim: "Ó minha Mãe do Céu, dá-me o vosso Menino Jesus." E depois de ter dito isso, voltou à lida diária.

No dia 15 de fevereiro de 1926, estando novamente no mesmo lugar, encontrou o menino e perguntou-lhe imediatamente: "Bom, pediste o Menino Jesus à Mãe do Céu?" Ele então se voltou para ela e disse: "E tu, propagaste pelo mundo o que a Mãe do Céu te pediu?" Nisso, transfigurando-se o menino e resplandecendo, ela percebeu que era Jesus. Lúcia então expôs as dificuldades que tivera com o confessor. Também disse que a madre superiora estava disposta a propagar a devoção, mas que o confessor havia dito que ela sozinha nada poderia. Jesus, então, respondeu: "É verdade que tua superiora nada pode. Mas, com minha graça, pode tudo."

De fato, a prática dos primeiros sábados demorou a ser propagada fora dos muros dos conventos das doroteias. Somente três anos após as aparições em Pontevedra, ou seja, por ocasião de sua profissão perpétua (3 de outubro de 1928), é que Lúcia comunicou ao cônego Formigão o pedido de Nossa Senhora. Este, por sua vez, regressando a Portugal, pediu ao bispo dom José Alves Correia permissão para divulgar o conteúdo da mensagem. Recebeu a permissão para fazê-lo de forma privada. Por isso, estando no Porto, o padre imediatamente adquiriu uma grande quantidade de estampas do Imaculado Coração, nas quais mandou imprimir alguma coisa sobre os primeiros sábados. Distribuiu então o material entre algumas comunidades religiosas conhecidas, e seu esforço foi acolhido com muito entusiasmo. A autorização para a divulgação pública da devoção dos primeiros sábados, contudo, só foi anunciada em Fátima em 1939.

Lúcia também apresentou a Jesus algumas dificuldades que imaginou a respeito da devoção. Tendo conversado com algumas pessoas, percebeu que para alguns seria difícil confessar-se no sábado; por isso, pediu que fosse válida a confissão feita dentro de oito dias. O Senhor então lhe respondeu que sim e "até muitos dias mais, contanto que, quando me receberem, estejam em graça e tenham a intenção de desagravar o Imaculado Coração de Maria". Lúcia ainda insistiu, perguntando a respeito das pessoas que, porventura, esquecessem-se de formular a intenção de desagravar o Imaculado Coração. Jesus respondeu que "poderiam formulá-la na confissão seguinte, aproveitando a primeira oportunidade que tivessem para confessar-se".

Um de seus confessores perguntou à Lúcia o porquê dos cinco primeiros sábados. Colocando-se em oração, Lúcia recebeu do Senhor, na noite do dia 29 para 30 de maio de 1930, algumas luzes a esse respeito. Disse-lhe Jesus:

— Minha filha, a razão é simples: trata-se de cinco espécies de ofensas e blasfêmias proferidas contra o Imaculado Coração de Maria. São elas: blasfêmias contra a sua Imaculada Conceição; blasfêmias contra a sua virgindade perpétua; blasfêmias contra a sua Maternidade

Divina, recusando ao mesmo tempo a recebê-la como Mãe dos homens; infundir publicamente nos corações dos pequenos a indiferença, o desprezo e até o ódio para com a Mãe Imaculada; os ultrajes que lhe são dirigidos nas suas sagradas imagens.

Tendo surgido algumas outras dúvidas, Lúcia recebeu mais alguns esclarecimentos sobre a devoção dos primeiros sábados. Um sacerdote perguntou-lhe se a prática da comunhão reparadora poderia ser feita no domingo seguinte ao primeiro sábado. A resposta do Céu foi que "será igualmente aceitável a prática da devoção no domingo seguinte ao primeiro sábado, quando meus sacerdotes, por motivos justos, assim concederem às almas". Depois, a confissão, mesmo sendo feita em outro dia, deve corresponder à comunhão reparadora. Ou seja: uma confissão feita na intenção de desagravar o Imaculado Coração de Maria para cada primeiro sábado. Com relação aos quinze minutos de companhia a Nossa Senhora: devem ser aproveitados para meditar os mistérios do Rosário. Pode-se fazer isso à medida que se vão rezando os mistérios; ou então meditando no final do terço um mistério em particular ou todos eles juntos. Ou seja: que o terço não seja rezado sem a meditação dos mistérios, quer de forma dirigida (em comunidade), quer de maneira individual.

A vivência da devoção ao Imaculado Coração de Maria tem o seu centro na prática dos primeiros sábados. Sabemos que, desde há muitos séculos, o sábado tem sido especialmente dedicado à veneração de Nossa Senhora. Podemos dizer que o sábado é, por excelência, o dia da fé e da esperança. Nesse dia, os discípulos, apavorados com a morte violenta de Jesus, dispersaram-se e ficaram entregues à dúvida, talvez imaginando que tudo o que tinham vivido com o Mestre fora em vão... Maria Santíssima, contudo, concentrou em seu coração toda a fé da Igreja e a manteve viva: "Bem-aventurada aquela que acreditou, porque se cumprirá tudo aquilo que o Senhor lhe prometeu" (Lc 1,45). O sábado, véspera do "Dia do Senhor", anuncia a glória do Cristo que, ressuscitado, vem ao nosso encontro. Vivemos, portanto, esse dia junto à Mãe de Jesus, recobrando com ela a esperança que nos faz vencer o abatimento e o desânimo da Cruz.

Em uma de suas cartas, a irmã Lúcia recomendava que o primeiro sábado do mês "fosse para toda a vida". Em uma conversa, disse também que seu coração vivia com imensa alegria a chegada desse dia. É verdade que o número de cinco sábados se refere à reparação das cinco ofensas que se cometem ao Imaculado Coração de Maria. Contudo, podemos também entender que nessa "escola de Maria", que é a mensagem de Fátima, os cinco primeiros sábados são como que o início de um percurso, no qual criamos um bom hábito capaz de nos educar para a conversão contínua. A confissão frequente, a comunhão com o Senhor na Eucaristia e a meditação do terço são instrumentos valiosos para a transformação do coração e devem ser cultivados por toda a vida. Mergulhados nesse compromisso com Deus, experimentamos o cumprimento da promessa de Nossa Senhora de "assistir-nos na hora da morte com todas as graças necessárias à nossa salvação".

Vale a pena ainda considerar outro pormenor da devoção dos primeiros sábados. Entre as práticas pedidas por Nossa Senhora, está a de "fazer-lhe companhia" por quinze minutos, meditando nos mistérios do Rosário. Ora, quem pede companhia está garantindo sua presença. A meditação dos mistérios do Rosário no primeiro sábado significa que Nossa Senhora nos convida a compartilhar de sua intimidade e olhar, com seus olhos e seu coração, para o Cristo Jesus. Nesse breve tempo de meditação, Nossa Mãe Santíssima deseja comunicar ao nosso íntimo as luzes do seu próprio Coração a respeito do Mistério de Cristo. O Salvador nos ensina, no Evangelho de João, que a vida eterna consiste "em conhecer o único Deus verdadeiro e a Jesus Cristo que Ele enviou" (Jo 17,3). Acompanhando-os na meditação do Rosário, Nossa Senhora abre nossos olhos para o conhecimento de Deus e para a vida que Ele tem para nós.

Por fim, a prática dos primeiros sábados é um convite à confissão e à comunhão. Não há caminho para Deus que não passe pelo conhecimento de si mesmo. E, se esse conhecimento é verdadeiro, manifesta-se na humilde confissão de nossos pecados. Nosso mundo, marcado pela vaidade, não é mais capaz de reconhecer o que é o pecado; por isso, o hábito da confissão sacramental tem se tornado distante para muitos. Não porque nos tornamos pessoas melhores, ou porque nos despimos dos preconceitos antigos e fomos revestidos de uma "inocência" liberal; mas porque nos tornamos orgulhosamente incapazes de reconhecer nossos pecados e nossa necessidade do perdão e da presença de Deus. Para tempos assim, o antídoto de Nossa Senhora é: confissão frequente; renovar a capacidade de examinar a nossa própria consciência *diante de Deus*. Desse modo, vamos experimentar aquela maravilhosa graça da qual nos fala o Salmo 50: o Senhor nos dará novamente "a alegria de ser salvos". Essa alegria está reservada àqueles que abraçam, com humildade, sua condição de pecadores e, cheios de confiança, correm de volta para os braços de Deus.

O abraço salvador de Deus, nós o recebemos na Eucaristia. A mensagem de Fátima, desde as aparições do Anjo da Paz, é um convite à adoração e à comunhão. Cristo, nosso Senhor, é "o pão vivo descido do Céu". Ele mesmo prometeu que "quem come a sua carne e bebe o seu sangue, permanece nele". A vida de nossa alma, perdoada e renovada pela misericórdia de Deus, é Jesus Cristo. Ele não só deve ser o objeto dos olhares do nosso coração, mas também a inspiração e a causa de nossos atos e palavras. O convívio transformador com Cristo na Eucaristia tem o poder de realizar o mais precioso de todos os milagres — unir de tal modo a nossa vida à dele que possamos dizer, como Paulo: "Já não sou eu que vivo, mas é Cristo que vive em mim" (Gl 2,20).

A irmã Lúcia recebeu do Céu muitas palavras sobre a importância da prática dos primeiros sábados. Em 1926, o Senhor já se queixava de que "muitas almas os começam [os primeiros sábados], mas poucas os acabam; e, as que os terminam, é com o fim de receberem as graças aí prometidas". Desse modo, Jesus manifesta que o grande, o único propósito da prática dos primeiros sábados deve ser o de desagravar o Imaculado Coração de Maria. A força dos primeiros sábados consiste exatamente nisso: que nos esqueçamos um pouco de nossas preocupações e intenções e nos dediquemos unicamente a suplantar com amor a ingratidão com que os homens retribuem o Mistério da Encarnação do Filho de Deus, simbolizado na pessoa de Maria Santíssima. Se revirmos as ofensas que devem ser desagravadas nos primeiros sábados, perceberemos que elas são mais praticadas hoje do que nunca. Apenas um grande mover de amor e de reparação pode nos capacitar para deter o avanço da fúria de Satanás contra os eleitos de Jesus Cristo.

Tuy: O pedido da consagração da Rússia

Após o início de sua vida religiosa em Pontevedra, onde recebeu a revelação dos cinco primeiros sábados, Lúcia chegou no dia 18 de julho de 1926 à cidade de Tuy, também na Espanha, para iniciar seu noviciado. Foi nesse convento, onde Lúcia fez sua profissão religiosa e permaneceu por longos anos, que Nossa Senhora cumpriu plenamente a promessa que fizera em julho de 1917, vindo pedir a consagração da Rússia ao seu Imaculado Coração. Essa visita de Nossa Senhora aconteceu na noite do dia 13 de junho de 1929. Vejamos o longo trecho em que a descreve a própria irmã Lúcia:

> Eu tinha pedido e obtido licença das superioras e do confessor para fazer a Hora Santa das onze à meia-noite, de quintas para sextas-feiras. Estando uma noite só, ajoelhei-me entre a balaustrada, no meio da capela, a rezar, prostrada, as orações do anjo. Sentindo-me cansada, ergui-me e continuei a rezá-las com os braços em cruz. A única luz era a da lâmpada [do sacrário].
>
> De repente, iluminou-se toda a capela com uma luz sobrenatural, e sobre o altar apareceu uma cruz de luz que chegava até o teto. Em uma luz mais clara, via-se, na parte superior da cruz, uma face de homem com corpo até a cinta. Sobre o peito uma pomba também de luz, e pregado na cruz, o corpo de outro homem. Um pouco abaixo da cinta, suspenso no ar, via-se um cálice e uma hóstia grande, sobre a qual caíam algumas gotas de sangue que corriam pelas faces do crucificado e duma ferida do peito. Escorregando pela hóstia, essas gotas caíam dentro do cálice.
>
> Sob o braço direito da cruz estava Nossa Senhora (era Nossa Senhora de Fátima com seu Imaculado Coração... na mão esquerda... sem espada, nem rosas, mas com uma coroa de espinhos e chamas); sob o braço esquerdo, umas letras grandes, como se fossem de água cristalina que corresse para cima do altar, formavam estas palavras: Graça e Misericórdia.
>
> Compreendi que me era mostrado o mistério da Santíssima Trindade e recebi luzes sobre esse mistério que não me é permitido revelar. Depois Nossa Senhora disse-me:

— É chegado o momento em que Deus pede para o Santo Padre fazer, em união com todos os bispos do mundo, a consagração da Rússia ao meu Imaculado Coração, prometendo salvá-la por esse meio. São tantas as almas que a justiça de Deus condena por pecados contra mim cometidos que venho pedir reparação: sacrifica-te por essa intenção e ora.

Tiveram início aí os muitos esforços da irmã Lúcia para que se cumprisse o pedido de Nossa Senhora. Como o mesmo demorasse a ser atendido, Lúcia ouviu muitas confidências de lamento da parte do Céu. Um dia, a Santíssima Virgem lhe disse:

— Não quiseram atender ao meu pedido!... Arrepender-se-ão, e farão a consagração, mas será tarde. A Rússia já terá espalhado os seus erros pelo mundo, provocando guerras, perseguições à Igreja: o Santo Padre terá muito que sofrer...

Em 1936, Lúcia queixou-se com Jesus, perguntando-lhe por que não convertia a Rússia sem que o papa fizesse a consagração. O Senhor lhe respondeu:

— Porque quero que toda a minha Igreja reconheça essa consagração como um triunfo do Coração Imaculado de Maria, para depois estender o seu culto, e pôr ao lado da devoção ao meu Divino Coração, a devoção desse Imaculado Coração.

De fato, o papa Leão XIII havia consagrado o mundo ao Sacratíssimo Coração de Jesus em 1900; faltava agora completar a glória do Filho pela glorificação da Mãe. Lúcia ainda argumentou que, sendo ela uma humilde religiosa, o Santo Padre não haveria de dar crédito a suas palavras se o próprio Deus não movesse seu coração com uma inspiração especial. A esse respeito, o Senhor lhe disse:

— Ora pelo Santo Padre; ele há de fazê-la [a consagração], mas será tarde. No entanto, o Imaculado Coração de Maria há de salvar a Rússia; ela lhe está confiada.

Em 1940, Lúcia escreveu ao papa Pio XII, pedindo a consagração da Rússia. Entre outras coisas, diz: "Santíssimo Padre, se é que na união de minha alma com Deus não sou enganada, Nosso Senhor promete, em atenção à consagração que os excelentíssimos prelados portugueses fizeram da nação ao Imaculado Coração de Maria, uma proteção especial à nossa pátria durante esta guerra. E que esta proteção será a prova das graças que concederia às outras nações se, como ela, se lhe tivessem consagrado." De fato, a promessa foi cumprida e Portugal foi poupado do flagelo da guerra. Pio XII, por sua vez, consagrou o mundo em guerra ao Coração Imaculado de Maria no dia 31 de outubro e no dia 8 de dezembro de 1942. Em 1952, por meio de uma encíclica, renova a consagração do mundo, citando especialmente a Rússia. Também o beato Paulo VI, em 21 de novembro de 1964, faz uma sua consagração ao Coração de Maria. Contudo, a todos esses atos faltava um elemento do pedido de Nossa Senhora: que a consagração fosse feita pelo papa "em união com os bispos do mundo inteiro".

A esse respeito, Lúcia consultou o Senhor. A resposta foi que a consagração deveria ser uma chamada à união de todos os cristãos — corpo místico de Cristo — cuja cabeça visível é o Papa, a quem o Senhor confiou as chaves do Reino dos Céus. Desta união depende a fé no mundo e a caridade, que é o laço que a todos nos deve unir em Cristo, como Ele pediu ao Pai: "Para que todos sejam um, como tu, ó Pai, estás em mim e eu em ti…" (Jo 17,21-23). Portanto, o pedido de Nossa Senhora ainda não tinha sido realizado.

Ainda enquanto se restabelecia do atentado na Policlínica Gemelli, o papa João Paulo II compôs um "ato de entrega" do mundo ao Coração de Maria, em 7 de junho de 1981. No dia 8 de dezembro do mesmo ano, fez uma consagração, renovada na Cova da Iria em 13 de maio de 1982. Nessa ocasião, a irmã Lúcia entregou ao papa uma carta, na qual renovava o pedido da consagração como desejada por Nossa Senhora. Nesse mesmo ano, visitou a irmã Lúcia no Carmelo de Coimbra o núncio apostólico em Portugal, e ela informou-lhe que a consagração ainda não estava feita. Sua excelência transmitiu a informação ao papa. Somente no dia 25 de março de 1984, João Paulo II, diante da imagem de Nossa Senhora que se venera na Capelinha das Aparições, e que havia sido levada especialmente para Roma por essa ocasião, consagrou o mundo ao Imaculado Coração de Maria, em união com os bispos do mundo inteiro, previamente convidados a unirem-se a ele nesse ato. Como 1984 foi declarado "Ano Santo extraordinário", o papa convidou os bispos para a celebração do seu jubileu, exatamente na data em que estava prevista a consagração. Estavam presentes em Roma 1.500 bispos de todo o mundo. Apesar de a referência à Rússia ter sido velada, por motivos claros, em agosto de 1989 a irmã Lúcia confirmou, por meio de uma carta, que a consagração havia sido feita, tal como Nossa Senhora a pedira. Toda a humanidade pôde ver os efeitos assombrosos desse gesto profético, a partir do qual teve início a ruína do comunismo totalitário e ateu no leste da Europa. Agora, confiando que também nas necessidades atuais deseja agir em nosso favor a Mãe de Misericórdia, unindo-nos à Igreja, com as palavras saídas do coração do Santo Padre, podemos renovar essa consagração:

> "À vossa proteção nos acolhemos, Santa Mãe de Deus!" Ao pronunciar essas palavras da antífona com que a Igreja de Cristo reza há séculos, encontramo-nos hoje diante de vós, ó Mãe, no ano jubilar da nossa redenção. Estamos aqui unidos com todos os pastores da Igreja por um vínculo particular, pelo qual constituímos um corpo e um colégio, do mesmo modo que os Apóstolos, por vontade de Cristo, constituíram um corpo e um colégio com Pedro. No vínculo dessa unidade, pronunciamos as palavras do presente Ato, no qual desejamos incluir, uma vez mais, as esperanças e as angústias da Igreja pelo mundo contemporâneo. Há quarenta anos atrás, e depois ainda passados dez anos, o vosso servo o papa Pio XII, tendo diante dos olhos as dolorosas experiências da família humana, confiou

e consagrou ao vosso Coração Imaculado todo o mundo, e especialmente os povos que, pela situação em que se encontram, são particular objeto do vosso amor e da vossa solicitude. É este mundo dos homens e das nações que nós temos diante dos olhos também hoje: o mundo do Segundo Milênio que está prestes a terminar, o mundo contemporâneo, o nosso mundo!

A Igreja, lembrada das palavras do Senhor: "Ide... e ensinai todas as nações... Eis que eu estou convosco todos os dias, até o fim do mundo" (Mt 28,19-20), reavivou, no Concílio Vaticano II, a consciência da sua missão nesse mundo. Por isso, ó Mãe dos homens e dos povos, vós que conheceis todos os seus sofrimentos e as suas esperanças, vós que sentis maternalmente todas as lutas entre o bem e o mal, entre a luz e as trevas, que abalam o nosso mundo contemporâneo, acolhei o nosso clamor que, movidos pelo Espírito Santo, elevamos diretamente ao Vosso Coração; e abraçai, com o amor da Mãe e da Serva do Senhor, este nosso mundo humano, que vos confiamos e consagramos, cheios de inquietude pela sorte terrena e eterna dos homens e dos povos. De modo especial, vos entregamos e consagramos aqueles homens e aquelas nações, que desta entrega e desta consagração têm particularmente necessidade. "À vossa proteção nos acolhemos, Santa Mãe de Deus!" Não desprezeis as nossas súplicas que a vós elevamos, nós que estamos em provação!

Encontrando-nos hoje diante de vós, Mãe de Cristo, diante do vosso Coração Imaculado, desejamos, juntamente com toda a Igreja, unir-nos com a consagração que, por nosso amor, o vosso Filho fez de si mesmo ao Pai: "Por eles eu consagro-me a Mim mesmo — foram as suas palavras — para eles serem também consagrados na verdade" (Jo 17,19). Queremos unir-nos ao nosso Redentor, nesta consagração pelo mundo e pelos homens, a qual, no seu Coração divino, tem poder de alcançar o perdão e de conseguir a reparação. A força desta consagração permanece por todos os tempos e abrange todos os homens, os povos e as nações; e supera todo o mal, que o espírito das trevas é capaz de despertar no coração do homem e na sua história, e que, de fato, despertou nos nossos tempos. Oh! Quão profundamente sentimos a necessidade de consagração, pela humanidade e pelo mundo: pelo nosso mundo contemporâneo, em união com o próprio Cristo! Na realidade, a obra redentora de Cristo deve ser pelo mundo participada por meio da Igreja. Manifesta-o o presente Ano da Redenção, o jubileu extraordinário de toda a Igreja. Sede bendita, neste Ano Santo, acima de todas as criaturas, vós, serva do Senhor, que obedecestes da maneira mais plena ao chamamento divino! Sede louvada, vós que estais inteiramente unida à consagração redentora do vosso Filho! Mãe da Igreja! Iluminai o Povo de Deus nos caminhos da fé, da esperança e da caridade! Iluminai de modo especial os povos dos quais esperais a nossa consagração e a nossa entrega. Ajudai-nos a viver na verdade da consagração de Cristo pela inteira família humana do mundo contemporâneo.

Confiando-vos, ó Mãe, o mundo, todos os homens e todos os povos, nós vos confiamos também a própria consagração do mundo, depositando-a no vosso Coração materno. Oh, Coração Imaculado! Ajudai-nos a vencer a ameaça do mal que tão facilmente se enraíza nos corações dos homens de hoje e que, nos seus efeitos incomensuráveis, pesa já sobre a nossa época e parece fechar os caminhos do futuro! Da fome e da guerra, livrai-nos! Da guerra nuclear, de uma autodestruição incalculável e de toda espécie de guerra, livrai-nos! Dos pecados contra a vida do homem desde os seus primeiros instantes, livrai-nos! Do ódio e do aviltamento da dignidade dos filhos de Deus, livrai-nos! De todo gênero de injustiças na vida social, nacional e internacional, livrai-nos! Da facilidade em calcar aos pés os mandamentos de Deus, livrai-nos! Da tentativa de ofuscar nos corações humanos a própria verdade de Deus, livrai-nos! Da perda da consciência do bem e do mal, livrai-nos! Dos pecados contra o Espírito Santo, livrai-nos, livrai-nos! Acolhei, ó Mãe de Cristo, este clamor carregado de sofrimento de todos os homens! Carregado do sofrimento de sociedades inteiras! Ajudai-nos, com a força do Espírito Santo, a vencer todos os pecados: o pecado do homem e o pecado "do mundo", enfim, o pecado em todas as suas manifestações. Que se revele, uma vez mais, na história do mundo, a infinita potência salvífica da Redenção: a força infinita do Amor Misericordioso! Que ele detenha o mal! Que ele transforme as consciências! Que se manifeste para todos, no Vosso Coração Imaculado, a luz da Esperança! Amém!

Referências bibliográficas

Bertone, Tarcisio; De Carli, Giuseppe. *A última vidente de Fátima*: as minhas conversas com a irmã Lúcia. Lisboa: Esfera dos Livros, 2007.

Carmelo de Coimbra. *Um caminho sob o olhar de Maria*: biografia da irmã Maria Lúcia de Jesus e do Coração Imaculado. Coimbra: Edições Carmelo, 2013.

Catecismo da Igreja Católica (CIC). São Paulo: Loyola, 1999.

Congregação para a Doutrina da Fé. *A mensagem de Fátima*. São Paulo: Paulinas, 2005.

De Fiores, Stefano. *O segredo de Fátima: uma luz sobre o futuro do mundo*. Lisboa: Paulus, 2008.

Louvencourt, Jean François de. *O Rosário com Francisco e Jacinta*. Fátima: Fundação AIS, 2003.

Greck, Isabel. *A força dos primeiros sábados*. Fátima: Stella, 2003.

Kondor, Luís. *Quereis oferecer-vos a Deus?* O apelo à reparação na mensagem de Fátima. Fátima: Fundação AIS, 2011.

Lúcia de Jesus e do Coração Imaculado, irmã Maria. *Apelos da mensagem de Fátima*. Fátima: Secretariado dos Pastorinhos, 2000.

_____. *Memórias e cartas*. Porto: L.E., 1973.

_____. *O segredo de Fátima*. São Paulo: Loyola, 1987.

Marchi, J. de. *Era uma Senhora mais brilhante que o sol.* Fátima: Missões Consolata, 1990.

Plus, Raul. *A reparação: crucificados com Cristo*. São Paulo: Cultor de Livros, 2015.

Silva, M. Fernando. *Pastorinhos de Fátima.* Prior Velho: Paulinas, 2005.

Thomas Walsh, William. *Nossa Senhora de Fátima.* São Paulo: Quadrante, 1996.

Wagner, William. *O Anjo de Fátima.* Fátima: Confraria dos Santos Anjos da Guarda, 2006.

DIREÇÃO GERAL
Antônio Araújo

DIREÇÃO EDITORIAL
Daniele Cajueiro

COORDENAÇÃO GERAL
Maristela Ciarocchi

EDITOR RESPONSÁVEL
Hugo Langone

PRODUÇÃO EDITORIAL
Adriana Torres
André Marinho

REVISÃO
Mariana Teixeira

DIAGRAMAÇÃO
Larissa Fernandez Carvalho

Este livro foi impresso em 2017
para a Petra.

Os três pastorinhos no ano das aparições [WikiCommons]

Jacinta e Lúcia em 1917 [WikiCommons]

Francisco Marto [WikiCommons]

Parte da multidão que testemunhou o Milagre do Sol [WikiCommons]

Representação do Anjo de Portugal em sua visita aos pastorinhos [WikiCommons]

Jornais testemunham os acontecimentos de Fátima [Fototeca Storica Nazionale / Getty Images]

Parte da multidão que testemunhou o Milagre do Sol
[WikiCommons]

Jornais testemunham os acontecimentos de Fátima
[WikiCommons]

Santuário das Aparições em Pontevedra, na Espanha. Trata-se do antigo colégio das irmãs doroteias onde, em 1925, irmã Lúcia recebeu nova aparição de Nossa Senhora [WikiCommons]

Imagem do papa Pio XII em Fátima [WikiCommons]

Papa Paulo VI com irmã Lúcia em Portugal, quando da comemoração dos cinquenta anos das aparições da Virgem
[Keystone-France / Getty Images]

Santuário de Fátima durante a tradicional procissão das velas [Ricardo Perna / Shutterstock]

A Basílica de Nossa Senhora do Rosário, em Fátima [WikiCommons]

Interior da Basílica de Nossa Senhora do Rosário [WikiCommons]

Interior da Capelinha das Aparições [WikiCommons]

Local onde se encontram os corpos de Jacinta Marto e irmã Lúcia, e pedra que marca o local em que se deu o atentado terrorista contra São João Paulo II
[Jose Elias / StockPhotosArt — Landmarks / Alamy Stock Photo]

A estátua original de Nossa Senhora encontra-se precisamente sobre o local em que se deu a primeira aparição aos pastorinhos [WikiCommons]

São João Paulo II, momentos depois do ataque contra sua vida ocorrido em 13 de maio de 1981 [Agencia EFE]

São João Paulo II com irmã Lúcia em 1991 [Gabriel Bouys / Getty Images]

Irmã Lúcia no ano 2000 [João Paulo Trindade / Getty Images]

Recortes do jornal L'Osservatore Romano, *noticiando a consagração da Rússia ao Imaculado Coração de Maria. Em destaque, o trecho que realiza o pedido da Virgem* [WikiCommons]

L'Osservatore Romano del 26 marzo 1984

Riproduzione fotografica de L'Osservatore Romano del 26 marzo 1984 contenente il discorso originale di Papa Giovanni Paolo II. Le persone contrarie alla consacrazione della Russia, in modo opportunista, hanno evitato fino ad oggi di ricordare che il Papa a tutti gli effetti riconobbe subito di non aver compiuto la consacrazione della Russia come richiesto dalla Madonna di Fatima.

À esquerda, início da terceira parte do segredo de Fátima, na caligrafia de irmã Lúcia [WikiCommons]

Os papas Bento XVI e Francisco rezam diante da imagem de Nossa Senhora de Fátima [Paulo Amorim / VWPics / Alamy Stock Photo | Alessandra Benedetti / Getty Images]